POLYGLOTT on tour

Niederbayern Oberpfalz

Die Autorin

Christine Rettenmeier

ist studierte Diplom-Journalistin und bekennende Niederbayerin. Sie arbeitete als Redakteurin bei Tageszeitungen und in einer Pressestelle; inzwischen ist sie als freie Reisejournalistin und Reiseleiterin tätig.

Reiseplanung

Land & Leute

Echt gut!

Karten

Volksbank
Passage

Reiseplanung

Die Reiseregion im Überblick][Die schönsten Touren][Klima und Reisezeit][Anreise][Reisen in der Region][Sport und Aktivitäten][Unterkunft

Die Reiseregion im Überblick

Ein Besuch der von der UNESCO zum Welterbe erhobenen Stadt **Regensburg** bildet den idealen Einstieg in die vielfältigen Landschaften von Niederbayern und der Oberpfalz: Die schmucke, mittelalterliche Altstadt an der Donau, der prächtige Domkomplex, die südliche Leichtigkeit und der Schwung einer lebhaften Universitätsstadt begeistern Hunderttausende von Besuchern; im Umland lassen sich die Befreiungshalle bei Kelheim, die Walhalla sowie die Hopfen- und Bäderidylle der Hallertau in Tagesausflügen erkunden. Eine Schifffahrt durch den spektakulären Donaudurchbruch und zum ehrwürdigen Kloster Weltenburg sollte man auf keinen Fall verpassen.

Wochenlang können Naturfreunde im **Bayerischen Wald** auf Jägersteigen der Kammlinie auf dem »Grünen Dach Europas« folgen. Nicht nur Familien nutzen das vorbildlich präsentierte Angebot im Nationalpark Bayerischer Wald, wo man Wölfe, Luchse, Bären oder Fischotter in den Freigehegen aufspüren kann und in den Informationszentren fachkundig kommentierte Einblicke in ökologische Kreisläufe erhält. Sollte zwischendurch die Sonne nicht scheinen – was in Ostbayern durchaus passieren kann –, dann ist die Auswahl an urigen Kleinmuseen mit bajuwarisch-exotischen Exponaten fast ebenso groß wie die Angebotsfülle der (Verkaufs-)Stationen an der Glasstraße. Ein Bummel durch die barocke Dreiflüssestadt Passau oder eine Stippvisite im benachbarten Böhmen sind ideal als Tagesausflug zu organisieren. Und nach all dem Erkunden und Entdecken breiten blumengeschmückte Gasthöfe am Sonnenhang ihre Trümpfe aus: opulente Buffets aus heimischer Produktion, Entspannung am Pool, kuschelige Kaminabende – wenn die Gäste dafür Zeit haben, denn vor allem im Sommer ist der Veranstaltungskalender voll von Märkten, Freilichtfestspielen und Volksfesten, während im Winter der tiefe Schnee zu sportlichen Runden lockt.

Westlich des breiten Donautals erstreckt sich die wellige Landschaft der Hallertau, des Gäubodens sowie der idyllischen Flusstäler von Isar, Vils und Inn. In dieser Region ergänzen sich Mittelalter und Bauernstolz zu einer reizvollen Mixtur abseits der großen Reiseströme: Straßenzüge mit gotischen Fassaden prägen die Innenstadt von Landshut, während in Straubing, so beim Gäubodenvolksfest im August, das Schaulaufen in Dirndl bzw. Lederhose zumindest für die Landjugend angesagt ist. Außerhalb der Städte ist das **niederbayerische Hügelland** vor allem ein riesiger, gediegener Wellness-Bereich: Radwege und Freizeitparks, Badeseen und Golfplätze, Biergärten und Marktflecken gliedern die Landschaft, in deren Zentrum das Bäderdreieck eingebettet ist. Erholen, entspannen und die Schmankerl der Region – raffiniert ver-

Karte Umschlag hinten

edelt – genießen, das ist das niederbayerische Genusstrio, für das sich nicht nur treue Kurgäste, sondern auch weit gereiste Wellness-Urlauber immer wieder gerne entscheiden. Zwischen Zwiebeltürmen und weiten Feldern erleben sie eine Idylle auf hohem Niveau.

Die **Oberpfalz** schließlich ist das Land der Überraschungen. Stille Wälder, unerwartete Highlights wie der schneeweiße Monte Kaolino in Hirschau, trutzige Burgen über dem Main-Donau-Kanal und gemütliche Wirtshausgärten, in denen das hausgebraute Zoiglbier einmalig lecker schmeckt, das alles entdecken Urlauber zwischen der kleeblattförmigen Kappel-Kirche bei Waldsassen im Norden und der Region des Bayerischen Jura im Südwesten, die immer noch ein Geheimtipp ist.

Die schönsten Touren

Acht Tage voller Entdeckungen im Waldgebirge

① Passau › Hauzenberg › Ringelai › Grafenau › Nationalpark Bayerischer Wald › Regen › Bodenmais › Cham › Weiden › Waldsassen

Distanzen:

Passau › Hauzenberg 37 km; **Hauzenberg › Grafenau** 40 km; **Grafenau › Regen** 34 km; **Regen › Bodenmais** 13 km; **Bodenmais › Cham** 36 km; **Cham › Weiden** 77 km; **Weiden › Waldsassen** 45 km.

Verkehrsmittel:

Das gut ausgebaute Straßennetz erschließt den Bayerischen und den Oberpfälzer Wald für Autofahrer sehr gut; auch bei Schneefall sind die Straßen geräumt und sicher befahrbar. Im Winter sollten Sie allerdings mit Winterreifen unterwegs sein. Im Gebiet des Nationalparks sind sog. Igelbusse umweltschonend im Einsatz, die mit Erdgas betrieben werden. Die regionale Waldbahn verkehrt auf einer landschaftlich sehr reizvollen Strecke regelmäßig zwischen Plattling–Deggendorf–Regen–Bayerisch Eisenstein sowie Regen–Grafenau. Auch zwischen Weiden und Waldsassen ist eine Regionalbahn unterwegs.

Das Donauufer der Dreiflüssestadt Passau

Eine Reise zu den schönsten Flecken im sanft gewellten Waldgebirge Ostbayerns beginnt am Wasser: mit einem Bummel an der Donaupromenade von ****Passau** › S. 70 bis zum Dreiflüsseeck und dann hinauf zum Dom St. Stephan mit der größten Kirchenorgel der Welt, bevor man am nächsten Morgen im ****Granitzentrum von Hauzenberg** › S. 76 tief in das uralte Gestein des Bayerischen Waldes eindringen kann. Wer gut zu Fuß ist, kann seine geologischen Kenntnisse gleich darauf bei einer Wanderung durch die Buchberger Leite bei **Ringelai** › S. 78 beweisen. Am dritten Tag kann man **Freyung** › S. 77 und **Grafenau** › S. 79 erkunden, die feine Regionalküche genießen und die Wanderstiefel vorbereiten, denn im ****Nationalpark Bayerischer Wald** › S. 79 locken informative Spazier- und Wanderwege, Beobachtungsposten an den Tierfreigehegen und spannende Exkursionen mit den Rangern – bei wirklich jedem Wetter!

Nach dem Naturerlebnis stehen am fünften Tag die gläsernen Kostbarkeiten renommierter Glashütten auf dem Reiseplan. Wer der Glasstraße folgt, wird nur mit viel Charakterstärke dem verführerischen Angebot an edlen Gläsern, originellem Gartendekor und künstlerischen Objekten widerstehen können. Die einzige Alternative zum Kaufrausch ist das empfehlenswerte Glasmuseum in ***Frauenau** › S. 84, denn die Exponate sind unverkäuflich!

Die nächsten beiden Tage sind für Wanderungen reserviert: idyllisch und sanft in das **Gebiet der Schachten** › S. 86, ehemalige Hochweiden bei Bodenmais, oder sportlich-anspruchsvoll auf schmalen Steigen durch die **Höllbachgspreng am Großen Falkenstein.** Dem König des Bayerischen Waldes, dem 1456 m hohen **Großen Arber** › S. 86, kann man auch mit der Seilbahn auf den Buckel steigen.

Karte Umschlag hinten

Nach der altbayerischen Gediegenheit von ***Cham** › S. 90 und einer Fahrt über Land lohnt sich ein eintägiger Stopp im Großraum **Weiden** › S. 130, nicht nur wegen der Museen und der historischen Hammermühlen an der Naab, sondern auch wegen des Riesenlochs der ***KTB bei Windischeschenbach** › S. 131 und der feinen, hausgebrauten Zoiglbiere, die in der Oberpfalz ausgeschenkt werden. Den sakralen Schluss(doppel)punkt setzen schließlich die Klosterbasilika von ****Waldsassen** › S. 132 und die markante ****Wallfahrtskirche Kappel im Wald** › S. 132.

Eine Woche an Ostbayerns Flüssen

② Amberg › Schwandorf › Kelheim › Regensburg › Straubing › Deggendorf › Landshut › Vilsbiburg › Vilshofen › Passau › Bäderdreieck › Europareservat Unterer Inn

Distanzen:

Amberg › Schwandorf 21 km; **Schwandorf › Kelheim** 65 km; **Kelheim › Regensburg** 28 km oder 4 Std. Schifffahrt; **Regensburg › Straubing** 45 km oder 5 Std. Schifffahrt; **Straubing › Deggendorf** 40 km; **Deggendorf › Landshut** 78 km, regelmäßig Zugverbindungen über Plattling; **Landshut › Vilsbiburg** 21 km; **Vilsbiburg › Vilshofen** 76 km oder 2-tägige Fahrradtour; **Vilshofen › Passau** 23 km; **Passau › Bad Griesbach** 28 km; **Bad Griesbach › Ering/Inn** 20 km.

Verkehrsmittel:

Wer Muße hat, kann die Strecke zwischen Kelheim und Passau auf einem Donaukreuzfahrtschiff oder einem Ausflugsdampfer ab Regensburg, Straubing oder Passau genießen; das flache Vilstal zwischen Vilsbiburg und Vilshofen dagegen bietet sich für eine Fahrradtour an. Da der regionale Bus- und Bahnverkehr mit Ausnahme der Hauptstrecke Plattling–Landshut meist nicht den kleinen Flusstälern folgt, ist ansonsten das Privatfahrzeug der beste mobile Untersatz für die beschriebene Route, die auf reizvollen Nebenstraßen befahren werden kann.

Munter windet sich die Vils durch ***Ambergs schmucke Altstadt** › S. 133, wo Kirchen und Wirtshäuser eine sinnenfreudige Verbindung eingehen. Nach dem Genuss von Bachforelle und Barock weist ab **Schwandorf** die Naab den Weg nach Süden Richtung **Kallmünz** › S. 63 und zur trutzigen ***Burg Wolfsegg** › S. 63. Der zweite Tag ist für ***Kelheim** › S. 59 und seine Schätze reserviert: Dem morgendlichen Stadtbummel folgt die Fahrt mit dem Ausflugsdampfer oder einer urigen Zille zum Donaudurchbruch und dem ****Kloster Weltenburg** › S. 60 mit seiner berühmten Asamkirche – und dem ebenso berühmten Klosterbier. Wer den Tag nicht bei den Schmankerln im Biergarten ausklingen lässt, stattet auf der Fahrt zurück nach Kelheim noch der **Befreiungshalle** › S. 59 einen Besuch ab. Mindestens einen Tag sollte man für *****Regensburg** › S. 52 einplanen. Eine Führung durch die unter UNESCO-Schutz stehende Altstadt lohnt sich. Donauabwärts fährt man tags darauf in die schmucke Gäubodenstadt ***Straubing** › S. 100, schaut sich kurz **Deggendorf** › S. 106 an und erreicht am Nachmittag ***Landshut** › S. 120, wo man von der Burg Trausnitz aus einen weiten Blick über die niederbayerischen Hügel hat. Am Abend steht die gastronomische Vielfalt in starker Konkurrenz zu schicken Bars oder einem Spaziergang durch die Isarwiesen.

Am fünften Tag kann man auf dem fröhlich-bunten Marktplatz von **Vilsbiburg** › S. 118 zu einer sportlichen Einlage auf dem **Vilstalradweg** › S. 98 starten. Bis **Vilshofen** › S. 110 muss man zwei Tagesetappen inklusive Badepausen einplanen. Mit dem Auto erreicht man noch am selben Abend das traumhaft gelegene ****Passau** › S. 70, dessen Besichtigung den nächsten Tag bestimmt, bevor es weitergeht in das abwechslungsreiche Bäderdreieck: ***Bad Griesbach** › S. 112 als mondäne Wellness-Destination, das ländlich-gemütliche ***Bad Birnbach** › S. 116 und der europaweit bekannte Kurort ***Bad Füssing** › S. 117 mit seinem Charme der 1970er-Jahre verlocken mit heißem Wasser und vielfältigen Anwendungen zu einem längeren Aufenthalt. Der ideale Ort, um sich von den ostbayerischen Flusslandschaften zu verabschieden, ist die Auenwildnis im **Europareservat Unterer Inn** bei Ering › S. 118.

Karte Umschlag hinten

In vier Tagen zu den schönsten Burgen und Klöstern

–③– Regensburg › Riedenburg › Weltenburg › Kloster Oberaltaich › Kloster Metten › Kloster Niederaltaich › Altenmarkt bei Osterhofen › Aldersbach › Fürstenzell › Passau › Neuburg am Inn › Schärding/Kloster Reichersberg

Distanzen:

Regensburg › Riedenburg 43 km; **Riedenburg › Weltenburg** 20 km; **Weltenburg › Oberalteich** 65 km; **Oberalteich › Metten** 22 km; **Metten › Niederalteich** 20 km; **Niederalteich › Altenmarkt** 13 km; **Altenmarkt › Aldersbach** 14 km; **Aldersbach › Fürstenzell** 25 km; **Fürstenzell › Passau** 15 km; **Passau › Neuburg am Inn** 12 km; **Neuburg am Inn › Reichersberg** 18 km

Verkehrsmittel:

Zum eigenen Fahrzeug gibt es auf dieser Route nur im Mittelteil der Tour eine Alternative für Wanderfreudige: Der europäische Pilgerweg Via Nova verbindet auf 80 km die bedeutendsten Kirchen und Klöster der Region zwischen Metten und Aigen/Inn, bevor er sich in Österreich fortsetzt.

Schloss und Kloster St. Emmeram in ***Regensburg** › S. 52 bilden den Auftakt zu einem verlängerten Wochenende mit einigen der schönsten Baudenkmäler Ostbayerns, die ganz individuell mit ihrer natürlichen Umgebung harmonieren. So erheben sich in **Riedenburg** › S. 139 die Rosenburg und die romantische Burg Prunn über dem ruhigen Wasser des **Main-Donau-Kanals** › S. 139, während sich das ****Kloster Weltenburg** › S. 60 mit seiner von den Brüdern Asam gestalteten Kirche in eine enge Schleife der Donau schmiegt.

Am zweiten Tag gibt der Lauf der Donau die Richtung vor, wo die Türme des ***Klosters Oberaltaich** und der Bogenbergkirche bei **Bogen** › S. 105 von Weitem zu sehen sind. Das ****Kloster Metten** › S. 106 beeindruckt mit seiner grandiosen Bibliothek, der barocken Klosterkirche St. Michael mit ihren aussagekräftigen Fresken und einem schmucken Prälatengarten, während das ***Kloster Niederaltaich** › S. 108 als mittelalterliches Missionskloster seinerzeit eine wichtige Rolle bei der Besiedlung des Bayerischen Waldes spielte. In ***Altenmarkt** › S. 109 dagegen umfängt der barocke Glanz der prächtigen Asambasilika die staunenden Besucher, und neben der Kirche tischt der Gasthof vorzügliche niederbayerische Schmankerl auf.

Am dritten Reisetag öffnet in ***Aldersbach** › S. 109 die Asamkirche St. Mariä Himmelfahrt ihr weites Tor, während in ***Fürstenzell** › S. 111 der »Dom des Rottals« unübersehbar auf die klerikale Macht der Fürstbischöfe hinweist, die in der ****Passauer Altstadt** › S. 71 im prächtigen Dom und den wehrhaften Vesten kumuliert. Der letzte Tag führt schließlich über das mittelalterliche Schloss ***Neuburg am Inn** › S. 111 und das Rokokokloster Vornbach hinüber nach Österreich, wo die schmucke Innstadt-Architektur von ***Schärding** › S. 112 und das **Kloster Reichersberg** mit seinem schön gelegenen Terrassencafé auf jeden Fall einen Abstecher lohnen.

Touren in den Regionen

Touren in der Region	Region	Dauer	Seite
Altstadt-Spaziergang	Regensburg	ca. 5 Std.	54
Dreiflüsseeck und Steinerne Welt	Bayerischer Wald	3 Tage	65
Schatzsuche an der Glasstraße	Bayerischer Wald	3–4 Tage	65
Wanderung auf dem grünen Dach Europas	Bayerischer Wald	3 Tage	67
Im Schatten des Großen Arber	Bayerischer Wald	3 Tage	69
Kunstschätze längs der Donau	Niederbayerisches Hügelland	2–3 Tage	95
Mittelalter und Bauernstolz	Niederbayerisches Hügelland	4–5 Tage	96
Fahrradtour an der Vils	Niederbayerisches Hügelland	2 Tage	97
Niederbayerischer Klosterwinkel	Niederbayerisches Hügelland	2–3 Tage	97
Streifzug durchs Stiftland	Oberpfalz	2–3 Tage	127
Sandgestöber und Wasserwelten	Oberpfalz	3 Tage	128
Durch den Bayerischen Jura	Oberpfalz	2–3 Tage	128

Klima und Reisezeit

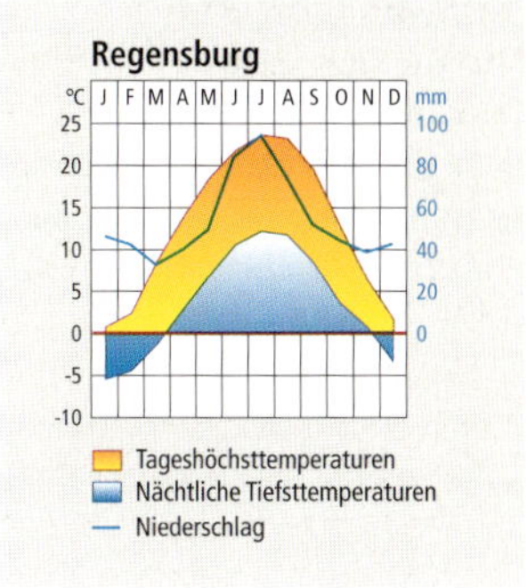

Warm anziehen muss man sich im Waldgebirge und ebenso fast immer in den angrenzenden Feld-, Wald- und Hügellandschaften. Denn »neun Monat' ist's Winter und ein Vierteljahr ist's kalt«, wissen die Einheimischen aus fröstelnder Erfahrung. Auch wenn die Sonne scheint, bläst von Böhmen her oft ein eisiger Wind durch die Fichtenstangen. Milder als im Bayerischen und im Oberpfälzer Wald ist das Klima in den Hügelregionen südlich der Donau, es fallen auch deutlich weniger Niederschläge. Im Herbst hängt in den Flusstälern der Nebel, während auf den Bergen die Sonne scheint. Die saubere Luft und das vielfältige kulturelle Angebot im burgen- und klösterreichen Ostbayern können die Besucher dagegen ganzjährig genießen (Veranstaltungen › S. 44).

Anreise

Die meisten Urlauber reisen mit dem eigenen **Pkw** nach Ostbayern, entweder auf der A 3 bis Regensburg, über die A 93 Richtung Weiden oder auf der A 92 über München nach Deggendorf. Fernzüge der Deutschen Bahn haben in Regensburg, Plattling und Passau Anschluss an die Regionalbahnen in den Bayerischen Wald, ins Bäderdreieck und in die Oberpfalz.

Günstige Bahnanreise: Fragen Sie in Ihrer Unterkunft vor Ort nach den RIT-(Rail Inclusive Tours)-Fahrscheinen der Deutschen Bahn AG für Ostbayern (Tel. 0 8 00/1 21 21 11). Die Hauptstrecken der Bahn sind im Zwei-Stunden-Takt befahrbar. In Dörfer und Kleinstädte, zu den Wander- und Wintersportzentren kommt man mit Regionalbahnen wie der Vogtlandbahn (Strecke Regensburg–Hof; www.vogtlandbahn.de), der Oberpfalzbahn (Schwandorf–Cham–Furth im Wald/Waldmünchen/Lam; www.nordbayernbahn.de) und der Waldbahn (Plattling–Zwiesel–Bayerisch Eisenstein/Grafenau), sie fahren stündlich, ausgenommen auf der Strecke Zwiesel–Grafenau.

Reisen in der Region

Mit Bus und Bahn

Echt gut!

Für Ausflüge ideal ist das **Bayerwald-Ticket,** ein Verbundfahrschein der Bahn ab 6 € pro Tag, der auch in vielen Regionalbussen sowie in den Nationalparkbussen gilt. Erhältlich an Fahrscheinautomaten der Waldbahn und Oberpfalzbahn, in den Bussen der beteiligten Unternehmen sowie in vielen Tourist-Informationen und Hotels. Das erweiterte Tarifgebiet »Bayerwald-Ticketplus« umfasst auch die Strecke Gotteszell–Plattling (DB Reiseservice, Tel. 0 18 05/1 18 61, www.bahn.de, www.bayern-fahrplan.de, www.bayerwald-ticket.com).

Als Alternative bieten sich im Bereich des Nationalparks die umweltfreundlichen **Igelbusse** für Wandertransfers an. Zudem startet in den Sommermonaten mittwochs der **Böhmerwaldcourier** von Bayerisch Eisenstein zu geführten Touren in der tschechischen Nachbarregion (Informationen: Verkehrsamt Bayerisch Eisenstein, Tel. 0 99 25/94 03 16, www.boehmerwaldcourier.de).

Mit dem Auto

Für das Auto ist der Bayerische Wald hervorragend erschlossen. Im Winter werden die Straßen schnell und zuverlässig geräumt. Leider verleitet dies leichtsinnige Fahrer zum Rasen; entsprechend hoch ist die Unfallgefahr auf den kurvenreichen Straßen. In den Städten dagegen lohnt es sich, die großen Parkhäuser und -plätze in den Zentren zu benutzen.

Wann wohin

In ihrem Urteil über die schönste Jahreszeit sind sich die Ostbayern nicht so einig: Für die Bauern und die Skifahrer ist es der Winter im Bayerischen Wald, wenn meterhoch der Schnee liegt, für die Wanderer dagegen der Herbst, wenn die Buchen und Eschen bunt leuchten. Naturfreunde genießen das Frühjahr, wenn zartes Grün und blühende Obstbäume die Landschaft beleben; die meisten Urlauber – Spaziergänger, Radfahrer und Faulenzer – dagegen kommen im Juni und im Spätsommer, wenn das Wetter über Wochen stabil ist.

Mit dem Schiff

Von Mai bis Oktober sind auf der Donau zwischen Deggendorf und Linz in Oberösterreich täglich die Schiffe der **Reederei Wurm & Köck** unterwegs (Höllgasse 26, 94032 Passau, Tel. 08 51/92 92 92, www.donauschiffahrt.de).

Ab Regensburg ist die Ausflugsflotte der **Personenschifffahrt Klinger** mit einem abwechslungsreichen Fahrplan im Einsatz (Werftstr. 6, 93059 Regensburg, Tel. 09 41/5 21 04, www.schifffahrtklinger.de).

Zwischen Kelheim und Dietfurt fahren ganzjährig die Schiffe der **Altmühltal-Personenschifffahrt GmbH** (Postfach 1111, 93301 Kelheim, Tel. 0 94 41/24 87, www.altmuehltal.de).

Den Donaudurchbruch kann man an Bord eines Ausflugsdampfers der **Vereinigten Schifffahrtsunternehmen** im Donau- und Altmühltal erleben (www.schifffahrt-kelheim.de).

Sport und Aktivitäten

Die abwechslungsreiche Landschaft Ostbayerns ist ideal für Bewegung an der frischen Luft. Tradition hat das Wandern. Im Winter tummeln sich Familien in den Schneelöchern zwischen Dreisessel und Hohem Bogen. Immer mehr Golf-Fans kombinieren ihren Sport mit einem Ausflug in die altbayerische Lebensart. Die flacheren Regionen haben die Freizeitradler für sich entdeckt.

Infos beim **Tourismusverband Ostbayern e.V.,** Luitpoldstr. 20, 93047 Regensburg, Tel. 09 41/5 85 39-0, www.ostbayern-tourismus.

Wanderer oberhalb des Rachelsees im Nationalpark Bayerischer Wald

Special

Unterwegs mit Kindern

Spannende Stippvisiten bei den Römern, im Schafstall oder im Kindergarten der Weißhandgibbons, Wildnistag im Wald und Badespaß samt Riesenrutsche – für Kids ist Ostbayern ein Paradies. Gelassene Gastgeber und Freizeitangebote ohne Ende machen die Wahl schwer; zum Glück helfen Qualitätssiegel wie »Kinderland Bayern« oder der Prospekt »Familienferien« des Tourismusverbandes Ostbayern (› S. 141) bei der Auswahl.

Babybett mit Familienanschluss

Die ganz Kleinen fühlen sich in den über 50 Baby- und Kinderbauernhöfen rundum wohl. Vom Flaschenwärmer bis zur Wickelkommode ist alles auf sie eingerichtet; die größeren Geschwister dürfen auch mal den Bauersleuten helfen – Eier sammeln, Zicklein fangen und als Beifahrer auf dem Traktor, natürlich gesichert.

Eine Institution im ohnehin kinderlieben Bayerischen Wald ist das Baby & Kinder Bio-Resort Ulrichshof: Es bietet nicht nur 80 Std. pro Woche kompetente Kinderbetreuung, sondern auch ein Felserlebnisbad, einen Streichelzoo, einen Reitstall und Wellness für die Erwachsenen.

Gleich sechs rustikale Gastgeber – der Waldferienhof Almer, der Paulihof, der Danebauer, die Familienbauernhöfe Wenzl und Süßhof sowie der Erlebnisbauernhof König – bilden neben anderen Unterkünften das **Waldbauerndorf Bärnzell-Zwiesel.** »Landidylle für die Kids« ist ihr Motto, zum Angebot gehören Streichelwiesen und Ponyreiten, Kutschfahrten und Heulager.

■ Baby- und Kinderbauernhöfe
www.babybauernhoefe.de

■ Ulrichshof
Zettisch 42, 93485 Rimbach
Tel. 0 99 77/9 50-0
www.ulrichshof.com

■ Waldbauerndorf
Bärnzell-Zwiesel
www.waldferienhof-almer.de
www.paulihof.de
www.danebauer.de
www.erlebnisbauernhof-koenig.de
www.familienbauernhof-wenzl.de
www.suesshof.de

Da ist was los!

Gemütlich auf dem **Bockl-Radweg** 53 km von Neustadt a.d. Waldnaab bis Eslarn oder 90 meist flache, grenzüberschreitende Kilometer auf dem **Bayerisch-Böhmischen Freundschaftsradweg** in der Oberpfalz von Nabburg bis Horsovsky Tyn (Personalausweis nicht vergessen!) sind für sportliche Familien eine Herausforderung, während kreative Hobbyforscher im **Museum Quintana** bei Künzing an der Donau fast original römische Fibeln basteln und historische Zusammenhänge spielend erleben können.

Im Wildniscamp des Nationalparks Bayerischer Wald dagegen kann man in Jurten und Urwaldhütten spannende Abenteuertage erleben.

■ Bockl-Radweg
Tourismuszentrum Landkreis Neustadt a.d. Waldnaab, Stadtplatz 34, 92660 Neustadt a.d. Waldnaab
Tel. 0 96 02/7 91 05
www.bocklradweg.de

■ Museum Quintana
Osterhofener Str. 2, 94550 Künzing
Tel. 0 85 49/97 31-12
www.museum-quintana.de

■ Wildniscamp am Falkenstein
Zwieslerwaldhaus 2b, 94227 Lindberg
Tel. 0 99 25/90 31-21
www.wildniscamp.de

Tierische Erlebnisse

Bärenstark, affenwild und ferkelsüß sind die tierischen Freizeitmöglichkeiten in Ostbayern: Da können Groß und Klein im **Straubinger Tierpark** seltene Nutztiere wie etwa die schnuckeligen Wollschweinferkel streicheln, im **Jura-Zoo von Neumarkt** die zarten Zwergseidenäffchen und den frechen Weißhandgibbon Max bestaunen oder auf **Gut Aiderbichl bei Deggendorf,** dem Gnadenhof der bekannten Tierretter, die vierbeinigen Fernsehstars persönlich bestaunen. Auf dem **Phantastischen Karpfenweg** in **Kemnath** säumen von Künstlerhand gestaltete Fische den Themenpfad.

■ Tiergarten Straubing
Lerchenhaid 3, 94315 Straubing
Tel. 0 94 21/2 12 77
www.tiergarten.straubing.de

■ Jura-Zoo
Sulzbürger Str. 46, 92318 Neumarkt i.d. OPf., Tel. 0 91 81/18 87
www.jura-zoo.de

■ Gut Aiderbichl Bayern
Eichberg 26, 94469 Deggendorf
Tel. 0 99 01/90 32 98
www.gut-aiderbichl.com

■ Phantastischer Karpfenweg
c/o Tourist-Info, Stadtplatz 38
95478 Kemnath, Tel. 0 96 42/7 07-0
www.kemnath.de

Niederbayern und die Oberpfalz bieten Radlspaß pur

Wandern

Den Bayerischen Wald durchzieht ein dichtes Netz von gut ausgeschilderten Wanderwegen für jeden Geschmack, sodass man die wunderbare Natur und die Schönheit der Landschaften entdecken kann. Mit dem Böhmerwald bildet er das größte geschlossene Waldgebiet Mitteleuropas. Da immer mehr Grenzübergänge nach Tschechien für Wanderer und Radfahrer eröffnet werden (zurzeit 32) sind Stippvisiten ins Böhmische eine interessante Erweiterung des Freizeitangebots. Mit vier kurzen Tagesetappen ist z.B. der **Böhmweg** von Deggendorf nach Bayerisch Eisenstein (insgesamt 52 km) auch für Familien gut geeignet.

Im nördlich angrenzenden Oberpfälzer Wald und im Gebiet des Bayerischen Jura sind ebenfalls unzählige schöne Wanderwege ausgeschildert. Die wandererfreundlichen Gastgeber an den Wegesrändern haben sich zur Ge(h)nuss-Kooperative (www.gehnuss.de) zusammengeschlossen und attraktive Pauschalpakete geschnürt, die den Gepäcktransport von Etappenziel zu Etappenziel beinhalten.

Top Trail Goldsteig

660 km lang und unendlich abwechslungsreich ist der **Distanzwanderweg Goldsteig** zwischen Marktredwitz und Passau, der sich mit dem Qualitätssiegel »Top Trails of Germany« schmücken darf. Erst gemütlich, dann mit immer steileren Passagen nähert man sich auf dem bestens markierten Weg der Gipfelzone des Bayerischen Waldes mit Arber, Osser, Falkenstein, Rachel, Lusen und Dreisessel, bevor man beschwingt die letzten Meter über die Donau bis zum Dreiflüsseeck bewältigt. Natürlich ist der Weg auch in einzelnen Etappen begehbar (www.goldsteig-wandern.de).

Mehrtägige Arrangements mit Halbpension und Gepäcktransport auf dem Goldsteig und anderen Top Trails in Deutschland bietet **Wikinger Reisen** individuell an (Kölner Str. 20, 58135 Hagen, Tel. 0 23 31/90 48 04, www.wikinger-reisen.de).

Nordic Walking

Für den aktuellen Trendsport gibt es vielerorts Kurse und Wege. Im Nordic Fitness Sports Park von Freyung finden sich 43 km Trails durch Wald und Fluren, während sich Bad Griesbach den Nordic Walkern mit Deutschlands größtem zusammenhängendem, 130 km langem Streckennetz als Traumziel andient.

Radfahren

Unter der Regie des Tourismusverbandes Ostbayern (› S. 20) ist vor allem in den Flusstälern ein schönes Netz von Radwegen entstanden. Für größere Touren empfehlen sich die Kartenwerke »Niederbayerischer Radlspaß« sowie »Oberpfälzer Radlspaß«. Detaillierte Informationen für die Tourenplanung findet man auch auf der Internetseite www.radtouren-bayerischer-wald.de.

Echt gut!

Hauzendorf im Oberpfälzer Wald bietet mit dem **ersten Radlbahnhof Deutschlands** eine kulinarische Tankstelle für erschöpfte Pedalritter (Erlbacher Str. 2, 93170 Hauzendorf-Bernhardswald, Tel. 0 94 63/71 81).

Bootswandern

In fünf gemütlichen Tagesetappen lässt sich die Naab zwischen Weiden und Regensburg im Paddelboot erkunden; wer es lebhafter mag, hat vom Blaibacher See bis Regensburg 107 landschaftlich schöne Kilometer und einige felsige Schikanen auf dem Fluss Regen vor sich. An vielen Seen kann man zudem Tret- und Paddelboote mieten.

Golfen

45 gepflegte Golfplätze befriedigen in Ostbayern fast jede Anfor-

Echt gut!

Schöne Aussichten

- Die wilde Donau im Süden und die Wasserstraße des Main-Donau-Kanals im Norden beherrschen den Blick von der **Befreiungshalle in Kelheim.** › S. 59
- Vom Burgfried der **Burg Trausnitz in Landshut** sieht man nicht nur die gotische Stadtanlage, sondern über das breite Isartal weit in den Gäuboden und die Hallertau hinein. › S. 122
- Bis zu den Alpen schweift an klaren Tagen der Blick vom **Bayerwaldpass Rusel** über den Naturpark Bayerischer Wald, das fruchtbare Donautal und die niederbayerische Hügellandschaft. Die Rusel (856 m) liegt an der Staatsstraße 2135, 8 km nach Deggendorf, Richtung Viechtach.
- Wer das Dreiflüsseeck aus der Vogelperspektive sehen will, findet auf der **Veste Oberhaus in Passau** großartige Aussichtspunkte. › S. 72
- Wanderer lieben das Panorama vom Gipfel des **Großen Rachel**, weil man von dort alle Bergrücken des Bayerischen Waldes sowie die hügelige Weite des Böhmerwaldes im Blick hat. › S. 83
- Der **Mariahilfberg in Amberg** bietet die schönste Aussicht über die sanft geschwungene Waldlandschaft der südlichen Oberpfalz. › S. 134

derung. Für Urlauber offen sind u.a. das Leistungszentrum des Deutschen Golfverbandes in Bad Griesbach mit neun Plätzen, darunter sechs 18-Loch-Anlagen, sowie die 18-Loch-Meisterschaftsanlage im Golfpark von Oberzwieselau (Tel. 0 99 22/8 01 13, www.golfpark-oberzwieselau.de) und das Golfdorado mit fünf Plätzen im Umkreis von Neumarkt i.d. OPf. (Tel. 0 91 81/2 55-1 27, www.golfdorado.info).

Reiten

140 Anbieter stehen bereit, Pferdefreunden die stillen Wege in ihrer Umgebung zu zeigen; der Tourismusverband Ostbayern (› S. 141) hat das Angebot in einem Katalog »Ross & Reiter« zusammengestellt. Mit dem eigenen Pferd kann man auf organisierten Wanderritten den Oberpfälzer und Böhmerwald rund um Waidhaus erkunden, übernachtet wird bei den fünf- bis neuntägigen Touren im Heu (Informationen: Verkehrsamt, Schulstr. 4, 92726 Waidhaus, Tel. 0 96 52/82 20-0, www.waidhaus.de)

Freizeitparks

Volles Programm für Kinder bieten der **Bayern-Park** in Reisbach bei Dingolfing (Tel. 0 87 34/9 29 80 und 929812, www.bayern-park.de) und der **Churpfalzpark** in Loifling bei Cham. Auf Eisenbahnen, Hüpfburgen, Karussells und Rutschen können sich die Kleinen austoben, für Erwachsene gibt es u.a. Blumenschauen und Gastronomie

Hochseilgärten

Spannende Balanceakte mit erlebnispädagogischem Mehrwert können Gruppen ebenso wie Singles in den Hochseilgärten der Region wagen: im **TE-PA** in Bechtsrieth bei Tännesberg (Tel. 09 61/4 01 72 20, www.te-pa.de), bei der **Erlebnis-Akademie AG** in Lam (Tel. 0 99 41/7 70 10 52, www.die-erlebnis-akademie.de) und im **NSC-Hochseilgarten** in Bad Griesbach (Tel. 0 85 32/7 96 11 02, www.hochseilgarten-badgriesbach.de).

(Tel. 0 99 71 3 03 40, www.churpfalzpark.de; März–Okt. tgl. 9–18 Uhr). Der Wilde Westen lebt in **Pullman City** bei Eging am See auf: Von Ponyreiten über indianische Meditation bis Squaredance reicht das Programm für Westernfans (Tel. 0 85 44/97 49-0, www.pullmancity.de; 15. März–Okt. tgl. 10–1 Uhr nachts).

Wintersport

Alle aktuellen Informationen über die Wintersportzentren im Bayerischen Wald findet man auf der Internetseite: www.waldwinter.de.

Ski alpin und Snowboard: Ein familienfreundliches Schneeloch im Dreiländereck mit einer großen Auswahl an leichten Abfahrten ist das **Skizentrum Mitterfirmiansreuth-Philippsreuth** (Tel. 0 85 50/9 10 17). Abfahrten aller Schwierigkeitsgrade sowie eine Quarterpipe samt Funpark für die Snowboarder bietet das **Skigebiet Geißkopf-Unterbreitenau** bei Bischofsmais (Tel. 0 99 20/4 85). Am **Arber** findet man moderne Bergbahnen und acht anspruchsvolle Skiabfahrten (Tel. 0 99 25/94 14 80). Das **Freizeitzentrum Hoher Bogen** besitzt u.a. die längste Flutlichtpiste der Region (Neukirchen bei Hl. Blut, Tel. 0 99 47/4 64).

Skilanglauf: Idyllisch liegt das bis ins Frühjahr schneesichere **Langlaufzentrum Bodenmais-Bretterschachten** mit 65 km gespurten Loipen, darunter 30 km Höhenloipe für Konditionsstarke (Tel. 0 99 24/77 81 35). Das **Langlaufzentrum Finsterau** bei Mauth glänzt

u.a. mit einer Flutlichtloipe (Tel. 0 85 58/97 38 38) ebenso wie das **Hohenzollern-Skistadion** bei Bayerisch Eisenstein. Über 150 km vom Arber über das Nationalparkgebiet bis zum Dreisessel führt die 150 km lange **Bayerwald-Loipe,** die allerdings gute Kondition voraussetzt. Im Oberpfälzer Wald gilt das Langlaufzentrum **Silberhütte** mit 50 km Loipen bis nach Tschechien als relativ schneesicher (Tel. 0 96 35/17 17).

Rodeln: Knapp 2 km lang ist die Naturrodelbahn auf dem Geißkopf bei Bischofsmais; hier kann man sogar mit dem Kajak über den Schnee gleiten. Den Aufstieg erleichtert ein Sessellift (Tel. 0 99 20/2 31, www.geisskopf.de).

Echt gut!

Nicht auf Schnee, sondern auf Quarzsand wedelt man beim **Sommerski am Monte Kaolino** in Hirschau (Tel. 0 96 22/81-5 02, www.montekaolino.de; Mai–Sept.). **Sommerrodelbahnen** gibt es einige im Bayerischen Wald, die längste am Egidi-Buckel bei St. Englmar (Tel. 0 99 65/12 03 oder 84 03 20, www.sommerrodeln.de).

Unterkunft

Wünschen Sie sich ein weiches Bett in historischen Mauern? Einen frühen Weckruf vom Gockel unterm Kammerfenster? Ein modernes Stadthotel mit Hallenbad und Tiefgarage? Die Quartierfrage ist in Ostbayern garantiert kein Problem. Es gibt Gästezimmer in jeder Kategorie und Preislage, wobei das Angebot an familienfreundlichen Unterkünften in Feriendörfern, Pensionen und auf dem Bauernhof ungewöhnlich

Abends am Bootssteg sitzen – das kann man im Hofgut Hafnerleiten

üppig ist – vor allem im Bayerischen Wald, im Rottal und im Oberpfälzer Hügelland.

An gesundheitsbewusste, gut situierte Kur-Urlauber wenden sich die First-Class-Hotels mit angeschlossenen Golfplätzen im niederbayerischen Bäderdreieck, während sich zahlreiche Campingplätze und Jugendherbergen in landschaftlich reizvoller Lage hauptsächlich auf Urlauber mit schmalem Geldbeutel eingerichtet haben. Die Gemeinde Viechtach im Bayerischen Wald gilt als besonders camperfreundlich.

Über Quartiere für junge Leute bis 25 informiert der Landesverband Bayern des **Deutschen Jugendherbergswerks,** Mauerkircherstr. 5, 81679 München, Tel. 0 89/92 20 98-0, www.djh.de.

Der **Tourismusverband Ostbayern e.V.** (› S. 141) hat ebenso wie einzelne Feriengemeinden ausführliche Broschüren und Unterkunftsverzeichnisse erarbeitet; im Internet gibt es günstige Last-Minute-Angebote, eine große Urlaubsbörse und eine Quartierdatenbank unter www.ostbayern-tourismus.de. Auch ein Infotelefon mit der kostenfreien Rufnummer 08 00/1 21 21 11 wurde eingerichtet.

Unter dem Label **Bayerwaldhotels** versprechen zehn engagierte Gastgeber aus der Waldregion eine Fülle von ausgefeilten Arrangements. Informationen: Die Bayerwald Hotels, Bühlacker 18, 93444 Bad Kötzting, Tel. 0 99 41/90 45 10, www.bayerwaldhotels.de.

Echt gut!

Originelle Unterkünfte für Anspruchsvolle

- In einer originellen Hütte am See oder im Luxusbaumhaus kann man im **Hofgut Hafnerleiten** bei Bad Birnbach übernachten, allerdings sind lange Vorlaufzeiten bei der Reservierung einzurechnen. › S. 116
- Hinter den dicken Mauern der mächtigen **Burg Wernberg** aus dem 13. Jh. nördlich von Schwandorf kann man in individuell mit Antiquitäten möblierten Zimmern und Suiten fürstlich schlummern, am besten nach einer Runde Golf und einem edlen Dinner. **Schlossberg 10, 92533 Wernberg-Köblitz, Tel. 0 96 04/9 39-0, www.burg-wernberg.de; ●●●.**
- Im **Radisson SAS Resort Wutzschleife** ist jedes »Lifestyle-Zimmer« ein Unikat; perfekter Service, eine vorzügliche Küche und Ayurveda im Wellness-Spa sichern seit Jahren den sehr guten Ruf des Hauses. **92444 Hillstett, Tel. 0 99 76/18-0, www.wutzschleife.com; ●●–●●●**
- 100 % Bio sind die Gebäude, das Essen, die Philosophie und die Natur im familiären **Pausnhof** in St. Oswald am Rand des Nationalparks Bayerischer Wald. › S. 84
- Das **Wellness-Hotel Holzapfel** in Bad Füssing verfügt über eine Indoor-Golfanlage und einen opulenten Gesundheitsbereich und lässt keinen Wunsch an eine Wohlfühloase unerfüllt. Regionale und internationale Küche mit kulinarisch-exquisiten Gaumenfreuden. › S. 117

Land & Leute

Steckbrief][Geschichte im Überblick][Natur und Umwelt][Die Menschen][Religion][Kunst und Kultur][Feste und Veranstaltungen][Essen und Trinken

Steckbrief

Niederbayern/ Oberpfalz

Fläche: 10 330 km² (Regierungsbezirk Niederbayern), 9690 km² (Regierungsbezirk Oberpfalz)
davon landwirtschaftlich genutzt: 55,1 % (Ndb.), 69,4 % (OPf.)
davon Naturschutzgebiete: 6600 ha (Ndb.), 5806 ha (OPf.)
Einwohner: 1,19 Mio. (Ndb.), 1,09 Mio. (OPf.)
Gemeinden: 254 (Ndb.), 226 (OPf.)
Bevölkerungswachstum: + 1 % (seit 2003)
Regierungssitze: Landshut, Regensburg

Lage

Die Regierungsbezirke Niederbayern und Oberpfalz, die gemeinsam die touristische Region Ostbayern bilden, liegen in der südöstlichen Ecke der Bundesrepublik Deutschland, angrenzend an die Tschechische Republik und Österreich im Osten bzw. Südosten sowie an die bayerischen Regierungsbezirke Oberbayern, Mittelfranken und Oberfranken.

Politik und Verwaltung

Jahrzehntelang bestimmte die CSU in Bayern mit absoluter Mehrheit die Geschicke, und Ostbayern galt immer als besondere Hochburg. Doch fielen die erdrutschartigen Verluste der CSU bei der Landtagswahl 2008 in Niederbayern und der Oberpfalz fast ebenso hoch aus wie im Rest Bayerns. Indes kämpft die SPD in Ostbayern weiter auf verlorenem Posten; Grüne und ÖDP besetzen einige umweltpolitische Biotope. Überdurchschnittlich zugelegt haben dagegen die Freien Wähler.

Die Bezirksregierungen in Landshut (für Niederbayern) und Regensburg (für die Oberpfalz) bilden die Mittelinstanz der staatlichen Verwaltung und die Aufsichtsbehörde für die Landkreise und kreisfreien Städte.

Wirtschaft

Neben der meist extensiven Landwirtschaft und der Forstwirtschaft, deren Bedeutung permanent sinkt, auch wenn 80 % aller deutschen Gewürzgurken in Ostbayern geerntet werden, prägen mittelständische Handwerks- und kleinere Industriebetriebe sowie die Porzellanindustrie in der Oberpfalz und die Glasindustrie im Bayerischen Wald die Wirtschaftsstruktur. Die größten Unternehmen der Region sind BMW in Dingolfing, Landshut und Regensburg, Siemens in Regensburg und die Passauer Zahnradfabrik. Auch die Universitäten Passau und Regensburg, die Fachhochschulen Landshut und Deggendorf sowie die Werften sind wichtige Arbeitgeber.

Die wirtschaftliche Bedeutung des Tourismus ist erheblich: Mit rund 19 Millionen Übernachtungen und etwa 59 Millionen Tagesgästen strömen nach aktuellen Berechnungen des Tourismusverbandes jährlich rund 2 Milliarden Euro Umsatz nach Ostbayern; die Besucher sichern damit rund 70 000 Teilzeitarbeitsplätze. Spitzenreiter unter den Fremdenverkehrsgebieten ist der Bayerische Wald; im Rottal und im Landkreis Kelheim entwickelte sich das Bäderwesen zum Standortfaktor – jeder zehnte deutsche Kurlauber entspannt im Bayerischen Thermenland! Im Bayerischen Jura freut man sich über steigendes Urlauberinteresse. Fahrrad- und Kulturtourismus sollen weiterhin die Wirtschaft beleben.

Neue Strukturen im Grenzland ergeben sich durch die EU-Erweiterung nach Osteuropa, die neben der Freizügigkeit und relativ billigen Arbeitskräften aus Tschechien, Polen oder Rumänien vor allem mehr Transitverkehr, konkurrierende Standorte und Kaufkraftverluste für die regionale Wirtschaft brachte. Tanktouristen, die Kundschaft der Billigmärkte und auch des Rotlichtmilieus auf tschechischem Boden prägen jetzt den kleinen Grenzverkehr, während Politiker und Funktionäre vom grenzenlosen und vielversprechenden Wirtschaftsraum Ostbayern-Westböhmen träumen.

Strukturwandel in der Landwirtschaft

Für die Bauern gibt es außer dem Hopfen in der Hallertau sowie dem lukrativen Anbau von Sonderkulturen kaum mehr rentable Feldfrüchte. Viele Landwirte suchen sich Arbeit in der Industrie, einige satteln um zum Energiewirt und produzieren Biogas oder -diesel, andere haben sich mit ökologischer Landwirtschaft und Direktvermarktung eine Nische erobert. Vor allem Kleinbetriebe setzen auf Qualität und Tradition. Dies hat zur Folge, dass Urlauber in Ostbayern überall die Möglichkeit haben, frische, gesunde Produkte aus heimischer Produktion zu genießen: vom Bauernbrot bis zum Spiegelkarpfen oder Waldschaf, vom Hopfenspargel bis zum Kräuterschnaps.

Geschichte im Überblick

Um 4000 v. Chr. Erste Siedlungen im fruchtbaren Donautal.

Ab ca. 2000 v. Chr. Frühe bronzezeitliche Kultur in der Gegend des heutigen Straubing.

Um 500 v. Chr. Besiedlung durch die Kelten, deren Oppida sich zu ersten stadtähnlichen Zentren entwickeln.

17 n. Chr. Die Römer erobern die Provinz Raetien, die Donau bildet die Grenze nach Osten, im Norden wird der Limes gebaut. Kastelle entstehen u.a. in Castra Regina (Regensburg), Sorviodurum (Straubing) und Boiodurum (Passau).

Ab 430 Ausbreitung des Christentums; 488 ziehen sich die Römer aus Raetien zurück; im 6. Jh. übernehmen die Bajuwaren die Macht zwischen Alpennordrand und Donau.

Ab 731 Gründung von Benediktinerklöstern, deren Mönche den Bayerischen Wald roden und dessen Besiedlung organisieren.

Bronzebrunnen von J.M. Neustifter

907–955 Einfallende Ungarn zerstören Klöster und Dörfer, lösen einen Boom im Burgenbau aus.

1180 Der Wittelsbacher Otto I. erhält von Kaiser Friedrich Barbarossa das Herzogtum Bayern; Ludwig der Kelheimer gründet die Städte Landshut (1204), Straubing (1218) und Landau (1224), seine Gemahlin Ludmilla bringt die weiß-blauen Rauten der Grafen von Bogen in das Wittelsbacher Wappen ein.

Ab 1255 Altbayern wird zur Erbmasse der Wittelsbacher Herzogshöfe. Unter Herzog Heinrich dem Reichen und seinen Nachfolgern blüht im 15. Jh. die Residenzstadt Landshut auf.

1508 Albrecht IV. vereinigt die zersplitterten Herzogtümer Bayerns; Albrecht V. erlässt 1555 nach dem Augsburger Religionsfrieden das Gesetz der »ausschließlichen Katholizität Bayerns«.

1632–1648 Im Dreißigjährigen Krieg besetzt König Gustav Adolf von Schweden u.a. Landshut, weite Landstriche werden zerstört; es wütet die Pest (1634, 1648, 1649). Nach dem Krieg suchen die Bauern ihr Heil im Glauben: Wallfahrten und prächtige Sakralbauten entstehen.

1663–1806 Im Regensburger Rathaus tritt regelmäßig der Immerwährende Reichstag des Heiligen Römischen Reiches Deutscher Nation zusammen.

1705/06 Erfolglose Aufstände der Bauern gegen die Habsburger; Gemetzel u.a. bei Aidenbach.
1740–1748 Ungarische Reiter fallen auf Geheiß von Kaiserin Maria Theresia in Bayern ein, zerstören u.a. Cham und Landau.
1800 Kurfürst Maximilian IV. Joseph (später König Max I.) verlegt die 1472 in Ingolstadt gegründete erste Universität Bayerns nach Landshut (bis 1826).
1803 Durch die Säkularisation erhält der bayerische Staat sämtliche Klöster sowie deren Bauten und Grundbesitz; in Passau endet nach über 1000 Jahren die Macht der Fürstbischöfe.
1806 Bayern wird Königreich, 1810 verliert Regensburg seine Autonomie; 1815 tritt Bayern dem Deutschen Bund bei, 1818 erlässt König Max I. die Verfassung.
1826 Aufhebung der Säkularisation; Rückkehr der Orden in die Klöster.
1839 Landshut wird Sitz des Regierungsbezirks Niederbayern, von Regensburg aus wird seit 1810 die Oberpfalz verwaltet.
1914–1918 In Massen sterben Bauernburschen im Ersten Weltkrieg. 1918 endet die Herrschaft der Wittelsbacher.
Nach 1945 Schwere Schäden durch den Rückzug der Wehrmacht und Bomben der Alliierten am Kriegsende erfordern einen Wiederaufbau; das Wirtschaftswunder der 1950er-/1960er-Jahre konzentriert sich auf die Ballungsräume wie Regensburg; die Strukturschwäche im grenznahen Ostbayern kann mit Förderprogrammen nur teilweise abgemildert werden.

Die Porta Praetoria in Regensburg

1989 Eine große Anti-Atomkraft-Bewegung erzwingt nach 4-jährigem Protest den Baustopp der Wiederaufarbeitungsanlage Wackersdorf bei Schwandorf.
1995 Der Nationalpark Bayerischer Wald feiert 25-jähriges Bestehen.
2006 Im Juli wird die Altstadt von Regensburg zum UNESCO-Weltkulturerbe erklärt.
2008 Die CSU erleidet bei der Landtagswahl dramatische Verluste und verliert die absolute Mehrheit.
2009 In Abensberg wird der 35 m hohe Hundertwasser-Turm eingeweiht.

Natur und Umwelt

Wie ein mächtiger Wall schieben sich die Bergkuppen des Bayerischen Walds gegen Osten. Die Wellen aus Gneis und Granit entstanden vor rund 200 Mio. Jahren und sind eines der ältesten Gebirge der Erde. Nur die steinkahlen Kuppen von Osser, Lusen, Rachel und Großem Arber – mit 1456 m der höchste Berg unter ihnen – ragen aus dem dunkelgrünen Wald hervor. Und an manchen Stellen bricht der »Pfahl« wie eine gigantische Messerklinge aus dem Erdreich. Diese 150 km lange und bis 300 m breite Mauer aus Quarzgestein zieht sich von Freyung bis Freihung in der Oberpfalz durch das Gebirge.

Dort schließt sich an den rauen Oberpfälzer Wald mit seinen längst erloschenen Vulkankegeln und Basaltfelsen im Westen ein hügeliges, grünes Becken an, das von den Flüssen Naab und Vils gegliedert wird. Der Naturpark Altmühltal ist bereits Teil des Oberpfälzer Jura. Auch der Bayerische Wald fällt nach Südwesten ab in eine vielfältige, fruchtbare Naturlandschaft, die Donauebene, in der bereits die aus Osten vordringenden Kelten gesiedelt haben.

Mit 2850 km ist die Donau der zweitlängste Strom Europas. Noch vor 100 Jahren wand sie sich zwischen Regensburg und Vilshofen in vielen Schleifen durch ihr breites Tal, ihre Hochwasser brachten fruchtbaren Lehm auf die Felder; so entstand aus dem Schwemmland der Gäuboden, die intensiv genutzte Kornkammer Bayerns. Inzwischen ist der Fluss zwischen Dämme gezwängt und einbetoniert. Seit der Fertigstellung des Main-Donau-Kanals ist er Teil einer internationalen Wasserstraße vom Schwarzen Meer bis zur Nordsee. Das sich im Süden anschließende Hügelland zwischen Donau und Alpenvorland entwässern seit 8 Mio. Jahren die Flüsse Inn, Isar, Rott und Vils.

Reizvolle bäuerliche Kulturlandschaft

In Jahrhunderten haben Menschen in Ostbayern eine bäuerliche Kulturlandschaft geschaffen: Auf mühsam gerodeten Steilhängen im Waldgebirge rangen Bergbauern der rauen Natur kärgliche Erträge ab, sie bepflanzten Bergrücken mit Fichten als Nutzholz für spätere Generationen, hielten Milchkühe und legten Teiche für die Fischzucht an. Ihre Standesgenossen im Gäuboden und im Rottal dagegen holten reiche Ernten ein, konnten sich Fleisch auf dem Teller und imposante Höfe leisten. Heute übt diese von Menschenhand geformte, grünende und blühende Landschaft einen großen Reiz auf jene aus, die in städtischen Ballungsräumen das Gespür für natürliche Zusammenhänge fast verloren haben: Der Wechsel der Jahreszeiten, schier endlose Wälder, dazu die reinste Luft Deutschlands und die ländliche Romantik auf dem

Bauernhof machen Urlaub in Ostbayern für Erholungssuchende attraktiv. Zum »grünen Dach Europas«, wie das größte zusammenhängende Waldgebirge Mitteleuropas werbewirksam genannt wird, gehört auch der Böhmerwald (Šumava) im angrenzenden Tschechien.

Umstrittener Umweltschutz

Andernorts treibt der Naturschutz die Menschen auf die Barrikaden: So wehren sich viele Bewohner am Rand des Nationalparks Bayerischer Wald seit Jahrzehnten gegen die strengen Auflagen, unter denen vor allem die benachbarten Waldbauern leiden. Ihr Protest entzündet sich regelmäßig an der – ihrer Ansicht nach – zu zögerlichen Bekämpfung des Waldschädlings Borkenkäfer, der sich durch die abgestorbenen Fichtenstangen an Lusen und Rachel frisst. Während Fachleute auf die langfristige Erneuerung der Waldlandschaft verweisen, zitieren ihre Gegner die düsteren Weissagungen des Mühlhiasl und beschwören den Untergang ihrer ostbayerischen Heimat herauf.

Ganz anders liegt der Fall beim Thema Donauausbau: Bauern und Pfarrer, Naturschützer und Fischer bekämpfen ebenfalls seit Jahren hartnäckig und mit Fantasie die Pläne der Rhein-Main-Donau AG, auch die letzten Reste naturbelassener Flusskilometer für die Schifffahrt zu vertiefen und zu begradigen. Von den früheren Altwassern und sumpfigen Schleifen sind ohnehin nur wenige Biotope erhalten, in denen seltene Vogelarten, Amphibien und Insekten überleben können. Wie wichtig sind Libellen und Rohrsänger, wenn sie dem wirtschaftlichen Nutzen im Weg stehen? Ist die Donau ein Naturwunder oder eine Wasserautobahn nach Südosteuropa?

Der Main-Donau-Kanal bei Essing

Die Menschen

Als Nachkömmlinge der Bajuwaren sind die eingeborenen Niederbayern und Oberpfälzer stolz auf ihre kulturellen Wurzeln. Schon deshalb halten sie zu den »Zuagroasten« Distanz. Nur wer sich angleicht, den rauen, unglaublich ausdrucksstarken Dialekt seiner jeweiligen Wahlheimat verstehen lernt, wer regelmäßig am Sonntag in der Kirche kniet und auch sonst nicht unangenehm auffällt, wird eventuell in die Dorfgemeinschaft aufgenommen – wie beispielsweise viele der Flüchtlinge in den 1950er-Jahren, die aus Ostpreußen, dem Sudetenland und anderen, ehemals deutschen Gebieten kamen. Dieser Integrationsdruck hat oft zur Folge, dass sich die sozialen Gruppen nebeneinander ihre eigene Welt schaffen. Überspitzt formuliert: Die »Hiesigen« sind im Schützenverein, in der CSU oder bei der Feuerwehr, die Neubürger im Tennisclub, bei der FDP oder den Grünen und beim Tierschutzverein.

Religion

Die Region ist traditionell katholisch geprägt; Südbayern war fast 1000 Jahre lang »terra benedictina«. Als einziger zugelassener Orden besiedelten die Benediktiner seit dem 9. Jh. den Urwald und die wilden Flusstäler. Ihnen mussten Waldarbeiter und Bauernfamilien in die Wildnis folgen. Schnell wuchsen Macht und Grundbesitz der Klöster, denn in der Hoffnung auf Vergebung der Sünden und ein besseres Dasein im Himmel schenkten nicht nur Adelige, sondern auch viele frühe Siedler dem Klerus ihren Landbesitz. Die Benediktinerklöster entwickelten sich zu Zentren von Kultur, Kunst, Wissenschaft und Schulwesen. Wallfahrten zu wundertätigen Marienstatuen waren über Jahrhunderte die Höhepunkte des bäuerlichen Festjahres.

Sogar die Säkularisation, mit der Napoleon 1803 sämtliche Klöster aufheben ließ, war nur ein Zwischenspiel in der religiösen Tradition Altbayerns. Schon 1830 setzte König Ludwig I. das Benediktinerkloster Metten als Erstes wieder ein, die Mönche und Schwestern kehrten auf das Land zurück. So ist es nicht überraschend, dass viele Generationen von Kindheit an eng mit dem katholischen Glauben verbunden sind, zumal die Lehre Luthers bei den Wittelsbachern nicht zugelassen war. Nur in der ehemaligen reichsfreien Grafschaft Ortenburg gibt es als Folge des Augsburger Religionsfriedens seit 1563 eine protestantische Tradition.

Zwar sind moderne Lebensmodelle und fast alle Spielarten einer pluralistischen Gesellschaft bis in die hintersten Winkel der bayerischen Provinz vorgedrungen, zwar bröckelt auch hier der Einfluss der Kirche im Alltag, doch das freundliche »Grüß Gott« ist noch immer mehr als eine Floskel. Erst recht seit der Wahl von Papst Benedikt XVI. Seither freut man sich nicht nur im Bistum Regensburg, eine seiner ehemaligen Wirkungsstätten, über den heißen Draht nach Rom.

Von den früheren jüdischen Gemeinden in Bayern sind seit der Gewaltherrschaft der Nationalsozialisten nur versprengte Reste erhalten. Die bedeutendste jüdische Gemeinde mit ca. 1000 Mitgliedern lebt heute in Straubing, wo sich vor allem Aussiedler aus der ehemaligen Sowjetunion in der 1988 renovierten Synagoge treffen. Hier ist auch wieder ein Rabbiner im Amt.

Die Hussitenmadonna von Neukirchen b. Hl. Blut

Dialekt

Sie klingt so interessant und ist für Außenstehende oft kaum zu verstehen: die bayerische Sprache in ihren lokalen Färbungen, die sich vor allem in der Provinz erhalten haben. In fast jedem Dorf sprechen die Einheimischen eine anders gefärbte Mundart. Typisch sind dabei die Doppelvokale wie in »Eana« (Ihnen) oder »ois« (alles).

In der Oberpfalz klingt der Dialekt durch die vielen -o's etwas dumpfer als in Niederbayern; überall jedoch gibt es die doppelte Verneinung (I hob koa Zeit ned = Ich habe keine Zeit) und den bayerischen Konjunktiv (I waar dahoam = Ich wäre, ich bin daheim).

!! Blamieren Sie sich lieber nicht, indem Sie beim Bäcker, im Wirtshaus oder in der Pension den Dialekt nachahmen. In fernen Ländern mögen solche Bemühungen mit einem freundlichen Lächeln belohnt werden, in Bayern dagegen ist das nur peinlich!

Kunst und Kultur

Keiner hat sie bisher gezählt, die Kunstwerke und Baudenkmäler der Region; jedes Dorf pflegt seine eigene kulturhistorische Attraktion, jeder versteckte Weiler ist Zeugnis von mindestens 300 Jahren Geschichte. Ostbayern ist ein Land für Entdeckungen. Also, pack' mer's!

Architektur

Unübersehbar ragen die Kirchtürme in den Himmel über Ostbayern. Sie sind Stein gewordene Zeugnisse für die Macht des Klerus im alten Bauernland. Die ältesten heute noch erhaltenen Bauwerke jedoch stammen von den Römern: Reste von Kastellen und Festungsmauern wie etwa die Regensburger Porta Praetoria. Rund 1000 Jahre später, zur Zeit Kaiser Heinrichs II., entstanden entlang der Donau romanische Kirchen wie St. Peter in Straubing oder die Schottenkirche St. Jakob in Regensburg sowie die ersten Burgen im Gebiet der heutigen Oberpfalz. Gute Konjunktur für Bauleute, Stuckateure und Freskanten brachte die Spätgotik im 14. Jh., als unter der Leitung des Meisters **Hans Stethaimer** in Landshut die Kirche St. Martin in den Himmel wuchs.

Der Boom jedoch setzte nach dem Dreißigjährigen Krieg ein. Aus Norditalien brachten Kunsthandwerker einen neuen Stil ins Land: *barocco*, die Bezeichnung für die wulstige, schiefrunde Oberfläche einer wertlosen Perle, fanden die Größen der Aufklärung für diesen seltsamen Baustil. Den Bayern jedoch gefielen die Rundungen und Ranken, das viele Gold und die lebendig wirkenden Figuren aus Stuck.

Das Langhaus der Basilika St. Jakob in Straubing

Der Barock ist die Kunst der Gegenreformation und des Absolutismus, Ausdruck verzückter, aufs Neue belebter katholischer Frömmigkeit und weltlichen Genusses. Nach dem Elend der Kriegsjahre leisteten sich die Klöster bekannte Baumeister wie die **Brüder Dientzenhofer** oder **Johann Michael Fischer** (1692–1766), auf dessen Grabstein in der Münchner Frauenkirche steht, dass er »32 Gotteshäuser, 23 Clöster nebst vielen anderen Palästen« errichtet habe – nicht mit eigenen Händen, sondern mit billigen Bauarbeitern. Das Honorar für Architekten, Baumaterial und Künstler holten sich Bischöfe und Äbte von den abgabepflichtigen Bauern.

Nicht ganz so prächtig wie die sakralen Gebäude fallen die Profanbauten aus – mit Ausnahme der schmucken Landshuter Stadtresidenz und einiger versteckter Schlösser natürlich. Um die zentralen Plätze der Wittelsbacher Stadtgründungen drängen sich zweckmäßige Wohn- und Wirtschaftsbauten. Ihr auffallendster Schmuck ist der farbige Anstrich.

Allerdings lohnt sich ein Blick hinauf zu den Dächern der bunten Innstadthäuser, deren Fassaden oft über das Haus hinauswachsen. Warum? Nun, so mancher Hausbesitzer konnte sich nicht so viele Stockwerke wie der Nachbar leisten, weshalb er eine Scheinfassade vor das Dach setzte. Im alten Bauernland ließen sich die Menschen durch scheinbare Größe blenden.

Dasselbe Prinzip funktionierte auf dem Land, wo die festungsähnlichen Rottaler Vierseithöfe bereits im 18. Jh. vom wachsenden Reichtum ihrer Besitzer kündeten. Weil auch dafür viele Bauarbeiter und Saisonkräfte aus der Poebene geholt wurden, nannte man diese Gebäude »Itakerhöfe«. Das »Waldlerhaus« mit einem Steildach (Halb- oder Krüppelwalm) ist dagegen ganz aus Holz gezimmert und drückt sich gleichsam schutzsuchend in den Windschatten eines Hügels.

Schwierig wird es allerdings, wenn man in Ostbayern moderne Architektur sucht. Eine Parallele zu den neugotischen Umbauten des 19. Jhs. bildet vielerorts der historisierende Baustil der Gegenwart. Statt auf zeitgemäße, möglicherweise sogar progressive Neubauten setzen die Stadträte seit rund 25 Jahren auf optisches Altstadtflair mit modernem Innenleben – nur das kleine Abensberg macht eine Ausnahme mit dem farbenfrohen »Hundertwasser-Turm« der Brauerei Kuchlbauer (Einweihung Frühjahr 2009).

Freilichtmuseen

Ideale Ausflugsziele, um die traditionellen, landschaftsgebundenen Bauweisen zu studieren und den bäuerlichen Alltag vergangener Jahre kennenzulernen, sind die sehenswerten Freilichtmuseen in Neusath-Perschen (Oberpfalz; › S. 136), Tittling und Finsterau (Bayerischer Wald; › S. 75 und 78) sowie in Massing (Rottal; › S. 118) mit ihren abwechslungsreichen Programmangeboten.

Die »Leinberger-Madonna« in der Landshuter Kirche St. Martin

Plastik und Malerei

Sieht man von römischen Scherben einmal ab, so sind die ältesten in Ostbayern erhaltenen plastischen Arbeiten das Schottenportal sowie einige rund 1000 Jahre alte Steinskulpturen in St. Emmeram, Regensburg.

Erst im Zeitalter der Gotik entwickelten sich eigenständige Kunstformen, hauptsächlich für die Ausstattung der Kirchen. Die berühmteste Figur jener Epoche ist **Hans Leinbergers** »Madonna mit dem Kind« in St. Martin in Landshut. Doch erst im Barockzeitalter erlebten Malerei, Plastik und Holzschnitzkunst ihre wahre Blüte. Zu den Höhepunkten der Epoche zählen die Fresken und Altäre der **Asamkirchen im niederbayerischen Hügelland,** insbesondere in Aldersbach › S. 109, Osterhofen › S. 109, Rohr › S. 124 und Weltenburg › S. 60, die vergoldeten Akanthusaltäre in der Oberpfalz (› S. 135), die Fülle unglaublich fantasievoller Statuen, prächtiger Kanzeln, Triptychen und Tabernakel. Die Details der Fischerkanzel in Weißenregen, die allumfassende Pracht im Passauer Dom oder die zum Himmel auffahrende Muttergottes in der Klosterkirche von Rohr sind beredte Zeugnisse für den Genius der barocken Kirchenkünstler.

Mit dem einzigartigen Glanz des »theatrum sanctum« der ostbayerischen Kirchen kann die Glaskunst aus dem Bayerischen Wald nicht konkurrieren, dennoch sind bunte Schnupftabakgläser, dekorative Arbeiten im Jugendstil und die modernen Objekte der Glasbläser, Designer und Graveure von ganz eigenem Reiz (› S. 42); ebenso wie die ein-

Stars des Spätbarock: Die Asam-Brüder

Die ungekrönten Könige des Spätbarock im Übergang zum Rokoko sind in Niederbayern, der Oberpfalz sowie im angrenzenden Böhmen die Brüder Cosmas Damian (1686–1739) und Egid Quirin Asam (1692–1750). Maler und Architekt der erste, Stuckateur und Bildhauer der zweite, baute und gestaltete das Duo zahlreiche Klosterkirchen in der Region.

zigartigen Kunstobjekte aus den Porzellanmanufakturen der Oberpfalz in Weiden (Seltmann), Selb (Rosenthal) u.a.

In der zeitgenössischen lokalen Kunstszene hat sich der niederbayerische Landschaftsmaler Hermann Eller aus Natternberg etabliert, und der Bildhauer Josef Michael Neustifter aus Eggenfelden bereichert die Landschaft mit seinen originellen Brunnenentwürfen. In Weiden erinnert man inzwischen mit Stolz an die spitze Zeichenfeder des 2003 verstorbenen Plakatkünstlers Michael Matthias Prechtl.

Musik und Literatur

Der enge Kontakt der bayerischen Benediktiner zu ihren Glaubensbrüdern, v.a. im italienischen Stammkloster Montecassino, erklärt die südlichen Einflüsse in der Kirchenmusik des Mittelalters. In der Neuzeit entwickelte sich mit den Werken der aus der Oberpfalz stammenden Komponisten Christoph Willibald Gluck (1714–1787) und Max Reger (1873–1916) das kreative Potenzial der Region in der klassischen Musik. Das Volk jedoch sang schon immer, wie ihm der Schnabel gewachsen war: derb und frech, aber dennoch von naivem Charme. Rhythmisch sind die alten Lieder und Tänze beeinflusst von den Musikanten aus Böhmen, die u.a. die Polka und den Landler populär machten. Eine neue Variante der Volksmusik kommt aus dem Bauerndorf Haindling, wo der Musiker Hans-Jürgen Buchner alias Haindling aus Tradition, Dialekt und Weltmusik niederbayerischen Ethno-Pop mixt.

Zu den wichtigen Autoren Ostbayerns des 19. und 20. Jhs. zählen u.a. der »Waldschmidt« Maximilian Schmidt (1832–1919), der seinem Heimatort Eschlkam nicht nur treffende Beschreibungen des Waldlerlebens, sondern auch die erste Volksbücherei Bayerns hinterließ. Im Bayerischen Wald war die selbstbewusste Heimatdichterin Emerenz Meier (1874–1928) zu Hause, und Anna Wimschneider (1919–1993), deren Bestseller Herbstmilch von Joseph Vilsmaier verfilmt wurde, stammte aus dem Rottal. Am schönsten hat ein Österreicher seine Liebe zum Hochwald in Worte gefasst: Adalbert Stifter (1805–1868), der sich im Sommer gern hier aufhielt. Die Gemeinde Neureichenau ist Ausgangspunkt eines Literaturwegs auf Stifters Spuren.

Theater, Film und Kabarett

Ohne Rücksicht auf Harmoniebedürftige befassten sich in den letzten 30 Jahren Franz Xaver Kroetz und Herbert Achternbusch, beide aufgewachsen in Niederbayern, mit ihrer Heimat. Bigotte Kleinbürger, selbstherrliche Dorfpatriarchen und lüsterne Versager spielen in ihren Dramen, Texten und Filmen die Hauptrolle. Regisseur Joseph Vilsmaier bevorzugt in seinen Filmen dagegen die kleinen, stillen Helden des schwierigen Alltags, während im Fernseh-Forsthaus Falkenau die rustikale Bayerwaldidylle gepflegt wird.

Witzig-zynisch schlachten renommierte niederbayerische Kabarettisten wie Sigi Zimmerschied (› S. 74), Bruno Jonas oder Ottfried Fischer die merkwürdigen Seiten ihrer Landsleute aus. Niederbayerische Kabarett-Senkrechtstarter sind der türkischstämmige Django Asül, der 2007 beim traditionellen »Politiker-Derblecken« zum Starkbieranstich am Münchner Nockherberg mit seinem Debüt als Fastenprediger Barnabas Applaus erntete, sowie das Multitalent Luise Kinseher. Etabliert als schrille Entertainerin und Buchautorin ist Sissi Perlinger, das in Furth im Wald geborene Energiebündel, während die Cello-Kabarettistin Lizzy Aumeier das komische Potenzial der Oberpfalz verkörpert.

Leichte Kost steht auf dem Spielplan der Bauernbühnen, aber auch kritische Stücke über die Waldheimat, so bei der Mund+Art-Bühne Ringelai (› S. 78), bereichern das Programm. Die Autoren der Historienspektakel (› S. 44) setzen mehr auf Action und Volksbelustigung als auf tief schürfende Psychogramme. Eingebettet in die Kulissen von Burgruinen und mittelalterlichen Marktflecken sind Ostbayerns Volksschauspiele Besuchermagneten.

Brauchtum und Volkskunst

Das Knarzen der hölzernen Karfreitagsratsche, ein rechtwinkliges Gerät mit Zahnrad, manchmal so groß wie eine Hobelbank, kann der Besucher zu Ostern erleben. Das hölzerne Instrument, das die Ministranten schwingen, ersetzt zwischen Gründonnerstag und Osternacht die Kirchenglocken und erinnert die Gemeinde zumindest akustisch an das Leiden Christi am Kreuz.

Hochkonjunktur für Heimatkrimis

Wenn der Heimatreporter hinter Blümchengardinen den Mörder eines Fußballtrainers sucht, wenn in der Odelgrube plötzlich ein Toter liegt, dann ist Heimatkrimi-Zeit in Ostbayern! Seit die Regensburgerin Andrea Maria Schenkel mit ihrem auf einen wahren Fall aus den 1950er-Jahren zurück gehenden Roman **Tannöd** erst den Deutschen Krimi-Preis erhielt und dann durch einen Copyright-Prozess für Furore sorgte, häufen sich in Niederbayern und der Oberpfalz die literarischen Kriminalfälle: Ob **Stille Post in Tannöd** von Katharina Gerwens und Herbert Schröger oder **Heimvorteil** von Lotte Kinskofer, die Bücher bieten spannende Unterhaltung nach dem bekannten Muster, wonach der Schrecken meist in der Idylle lauert. Auch Hildegunde Artmeier lässt ihre Kommissarin Lilian Graf regional ermitteln, wenn diese nicht gerade in der Toskana Urlaub machen will. Und Barbara Krohn hat in ihrem spannenden Werk **Weg vom Fenster** das Kunststück fertiggebracht, die dubiosen Todesschüsse an der Universität mit einer ausgefeilten Stadtführung durch die Regensburger Altstadt aufzupeppen.

Brauchtum rund um den Maibaum ist heute noch lebendig

Das lebendige Brauchtum ist noch immer eine der stärksten Seiten in der bayerischen Alltagskultur – und deutlich mehr als reine Traditionsshow für die Touristen. Zwar sind die Quellen oft vergessen, die Formen jedoch hat man über Generationen gepflegt und bewahrt, nicht nur in Heimatvereinen. So ist das Aufstellen des Maibaums zum 1. Mai alle Jahre wieder Anlass für fröhliche Dorffeste, auch im Zeitalter des Freeclimbing kraxeln noch mutige Burschen auf den liebevoll geschmückten Baumstamm, um sich eine Schwarzwurst als Prämie zu holen. Die Sonnwendfeier zur Tag- und Nachtgleiche im Juni ist ebenfalls ein beliebtes Traditionsfest.

Bei der Rau- bzw. Losnacht zum 21. Dezember kann man erleben, wie früher im Wald das Schicksal beim Pantoffelwerfen und Kriechbaumschütteln erfragt wurde. Das Wolfauslassen im Zwieseler Winkel dagegen erinnert an jene gefährlichen Wintertage, als sich die Bauern und Knechte Kuhglocken um die Hüften schnallten und lärmend durch die Dörfer liefen, um Wölfe oder Bären zu vertreiben.

Andere Bräuche dagegen findet man nur noch in traditionsbewussten Familien, wo etwa die Hausfrau beim Gewitter die schwarze Wetterkerze anzündet, damit der Blitz nicht direkt neben dem Blitzableiter einschlägt. Ein geweihter Palmbuschen – mit farbigen Bändern verzierte Weidenzweige – soll übrigens denselben Zweck erfüllen. Die Totenbretter, auf denen früher die Leichname aufgebahrt wurden, bis der Schreiner den Sarg fertiggestellt hatte, sind heute dekorativ verzierte Erinnerungen an verdiente Verstorbene, wobei so mancher Reim posthum zum Schmunzeln reizt: »Hier ruht der Kantor Klug, der Kinder, Weib und Orgel schlug.«

Special

Fragile Kunst aus dem Feuer

Seit 700 Jahren schon stellt man im Bayerischen Wald ebenso wie in den angrenzenden Regionen Böhmens und Österreichs Glas her; erst Butzenscheiben für Adelssitze, später »Rosenkranzpaterln« (= Perlen) und schlichte Gefäße für den Haushalt, seit dem 18. Jh. auch anspruchsvolles Glasdesign und zerbrechliche Zeugen feiner Tischkultur. Auf rund 250 km schlängelt sich die **Glasstraße** von Neustadt a.d. Waldnaab bis nach Passau durch den Bayerischen und Oberpfälzer Wald. Manufakturen, Museen und kuriose Kunstwerke säumen den Weg (www.dieglasstrasse.de).

Glas im Museum

Mit mehr als 30 000 Objekten aus der über 400-jährigen Geschichte der bayerisch-böhmischen Glasmacherkunst zeigt das **Passauer Glasmuseum** im Hotel »Wilder Mann« die weltweit größte Auswahl an böhmischen Gläsern.

Zwischen den dunklen Fichtenwäldern unter dem bayerisch-böhmischen Grenzkamm hat sich das **Glasmuseum Frauenau** zum internationalen Treffpunkt rund um die zerbrechlichen Preziosen entwickelt. Im hellen Neubau ist viel Platz für eine kulturhistorische Dauerausstellung sowie Sonderschauen über futuristisches Glasdesign.

Ein Ausflug in die Tradition der Oberpfälzer Glasschleiferei lohnt bei Neunburg vorm Wald, wo im 18./19. Jh. entlang des Flusses Schwarzach mittelalterliche Eisenhämmer (Schmieden) zu

Glasschleifen und Polierwerken umfunktioniert wurden. Im **Schwarzachtaler Heimatmuseum** erinnert das Modell einer Glasschleife an die frühe industrielle Produktion.

■ Glasmuseum Passau
Am Rathausplatz, 94032 Passau,
Tel. 08 51/3 50 71,
www.glasmuseum.de
tgl. 13–17 Uhr

■ Glasmuseum Frauenau
Am Museumspark 1, 94258 Frauenau
Tel. 0 99 26/94 10 20
www.glasmuseum-frauenau.de
Mo–Fr 9–17 Uhr, Sa, So, Fei 10–16 Uhr

■ Schwarzachtaler Heimatmuseum
Im Berg 12, 92431 Neunburg vorm Wald, Tel. 0 96 72/91 18-0
www.neunburgvormwald.de
Mai–Sept. So 10–12, 14–16 Uhr, Di 18–20 Uhr, im Winter Di 18–20 Uhr

Einkaufstipp

Meist verrät schon das Preisschild, ob das Objekt der Begierde ein mundgeblasenes, handgeschliffenes Unikat, ein Kunstglas mit kleinem Fehler oder ein industriell gefertigtes Stück ist. Generell sind Gläser im Werksverkauf rund ein Drittel günstiger als in Fachgeschäften.

■ Glashütte Valentin Eisch
Am Steg 7, 94258 Frauenau
Tel. 0 99 26/1 89-0, www.eisch.de

■ Freiherr von Poschinger Glasmanufaktur
Moosauhütte 14, 94258 Frauenau
Tel. 0 99 26/9 40 10
www.poschinger.de

■ Joska Kristallwelt
Am Moosbach 1, 94249 Bodenmais
Tel. 0 99 24/7 79-0, www.joska.com

■ Zwiesel Kristallglas
Dr.-Schott-Str. 35, 94227 Zwiesel
Tel. 0 99 22/98-2 49
www.zwiesel-werksverkauf.de

■ Glasdorf Weinfurtner
Zellertalstr. 13, 93471 Arnbruck,
Tel. 0 99 45/9 41 10,
www.weinfurtner.de

!! In den Kursen der Akademie **Bild-Werk Frauenau** können auch Laien unter der Anleitung renommierter Glaskünstler die Geheimnisse des fragilen Werkstoffs erkunden. (Bild-Werk Frauenau e.V., Moosaustr. 18a, 94258 Frauenau, Tel. 0 99 26/18 08 95, www.bild-werk-frauenau.de.

Transparente Kunstobjekte

Als Symbol für den Natur- und Kulturraum Bayerischer Wald/Böhmerwald schaukelte die 5 m lange **Glasarche** von Roland Fischer und Hubert Stern zwei Jahre lang durch das Waldmeer, dann ging sie in Frauenau vor Anker, geborgen in einer riesigen hölzernen Hand. Ihre lange Reise ist im Glasmuseum und im Internet dokumentiert (www.glasarche.de). Neben der Burgruine Weißenstein wächst ein **Glaswald** heran. Insgesamt will der Künstler Rudolf Schmid, der auch die mit viel Bayerwaldmythologie geschmückte **Gläserne Scheune** in Rauhbühl kreiert hat, 50 bunte, bis zu 12,50 m hohe Bäume auf das Areal setzen (www.glaeserner-wald.de). Nur in der Weihnachtszeit ist die **Gläserne Krippe** im Rathaus von Kirchberg im Wald zu bewundern.

Feste und Veranstaltungen

Historienspiele und andere Spektakel

Mord und Totschlag, plündernde Hussiten und immer wieder Hungersnöte – das Elend im »Woid« hatte viele brutale Seiten. Angereichert mit Herzschmerz, Liebesglück und Heldenmut ist das der Stoff, aus dem in Ostbayern die Historienspiele sind. Tausende von Besuchern locken die volkstümlichen Spektakel heute in Burgruinen und mittelalterliche Marktflecken. Ostbayerns Volksschauspiele sind ein großer Abenteuerspielplatz für Zuschauer und Akteure, mit Lagerleben und deftigen Schmankerln, mit viel Musik und noch mehr Stimmung.

Ein riesiges Fest ist die **Landshuter Hochzeit** (› S. 121), das bekannteste Historienspektakel der Region. Es erinnert alle vier Jahre (erneut 2009) an die prunkvolle Heirat von Herzog Georg mit der polnischen Königstochter Jadwiga im Jahr 1475. Die Hochzeit war das prächtigste höfische Fest in der Geschichte Bayerns und ist längst ein Klassiker der Freilichtspielszene. Eine andere historische Liebesgeschichte endete dagegen traurig, wie man bei den **Agnes-Bernauer-Spielen** in Straubing (› S. 105) miterleben kann. Doch es gibt noch weitaus mehr zu sehen:

Beim Further Drachenstich

Beim **Englmarisuchen** am Pfingstmontag reiten in St. Englmar Jäger und Knechte zur Waldklause des Eremiten Englmar und bringen den Märtyrer – eine lebensgroße Holzfigur – im Triumphzug zurück ins Dorf. Anfang Juli drängen sich die Termine: Alljährlich wieder beginnt in Aidenbach die **Bauernschlacht**. Statt grausiger Ströme von Blut, wie beim Gemetzel von 1705/06, fließen nun rote Farbe und Bier.

Während bei den **Burghofspielen in Falkenstein**, den **Waldfestspielen in Bad Kötzting** und den **Rimbacher Freilichtspielen** jedes Jahr andere Stücke mit historischem Hintergrund aufgeführt werden, erinnert das Freilichtspiel **Vom Hussitenkrieg** im Juli/August in Neunburg vorm Wald an

Alle vier Jahre ein prächtiges Schauspiel: die Landshuter Hochzeit

eine grausame Episode der Heimatgeschichte. Und beim Festspiel **Trenck der Pandur** entführen über 250 Laiendarsteller die Zuschauer ins Jahr 1742, als wilde ungarische Reiter Waldmünchen bedrohten.

Der **Further Drachenstich** (› S. 90) schließlich ist Deutschlands ältestes Volksschauspiel. Seit 500 Jahren schon macht der tapfere Ritter Udo mit einem Lanzenstoß dem Feuer speienden Ungetüm aus den böhmischen Wäldern den Garaus, um danach unter dem Beifall tausender Zuschauer das schöne Burgfräulein zu retten. Über 1400 Mitspieler, 200 Pferde, ein computergesteuerter 19 m langer Drache sowie ein zünftiges Volksfest machen das Schauspiel zum Großereignis (www.drachenstich.de).

Über die Termine des Festspielsommers in Ostbayern informiert eine Broschüre des Tourismusverbands (› S. 141). Vor allem für die Klassiker in Landshut und Furth muss man frühzeitig Karten reservieren.

Festkalender

Januar: Der Festkalender beginnt mit dem **Neujahrsanblasen** in Geyersberg bei Freyung und dem traditionellen **Neujahrsanschießen** auf dem Marktplatz von Grafenau. Um den **6. Januar** ziehen die Heiligen Drei Könige mit Weihrauch und der Bitte um eine Spende für die Mission durch die Dörfer.

Februar: Anfang des Monats findet das größte Wintervolksfest Ostbayerns, der **Berchinger Rossmarkt**, statt. Zu **Mariä Lichtmess** am **2. Februar** segnet der Pfarrer die Gläubigen mit einem Aschekreuz auf der Stirn. Danach feiern Niederbayern und Oberpfälzer den **Fasching** mit bunten Umzügen und Maskenbällen. Am Faschingsdienstag ziehen beim

Haberfeldtreiben in Breitenbrunn vermummte Gestalten lärmend durch die Straßen, und beim **Chinesenfasching** in Dietfurt verwandeln sich gestandene Bayern in fernöstliche Fantasiegestalten. Eine lange Tradition hat auch der **politische Aschermittwoch** der CSU in Passau.

März: Anfang des Monats feiern in Straubing Christen und Juden die »Woche der Brüderlichkeit«; überall unterbrechen **Fastenmärkte** und **Starkbierfeste** die Fastenzeit; auf der **Passauer Frühjahrsausstellung** präsentieren Handwerk und Gewerbe neue Trends.

Am **Palmsonntag,** eine Woche vor Ostern, ziehen die Kinder mit bunt geschmückten Palmbuschen in die Kirchen; zu Ostern finden in Furth, Regen und Nabburg **Pferdeprozessionen** statt.

April: Die Saison der Volksfeste beginnt mit **Frühjahrsdulten** in Passau, Straubing, Landshut und Pfarrkirchen. Ende April finden die zehntägigen **Weidener Literaturtage** statt.

Mai: In der Nacht zum **1. Mai** passen die Burschen auf, dass ihr Maibaum nicht gestohlen wird, sonst müssen sie ihn mit viel Bier und Leberkäs' bei den Dieben auslösen, bevor sie den geschmückten Baumstamm mit Hauruck auf dem Dorfplatz aufstellen können.

In der Woche vor Pfingsten gehen Wallfahrer aus Landshut, Regensburg und anderswoher traditionsgemäß zu Fuß nach Altötting. Beim **Kötztinger Pfingstritt** wallfahren knapp 1000 Männer auf ebenso vielen, festlich geschmückten Rössern zur Nikolauskirche nach Steinbühl.

Juni: Folkloregruppen feiern die **Trachtlerkirchweih** in Königstein. In Rinchnach findet das **Guntherfest** statt, in Bad Gries-

Das Gäubodenfest ist nach der Wiesn das zweitgrößte Volksfest Bayerns

bach das **Badfest** und in Amberg das **Fest auf dem Mariahilfberg**. In Passau beginnen die **Europäischen Wochen**. In Landshut feiert man alle zwei Jahre die **Hofmusiktage** mit Ensembles für mittelalterliche Musik.

Juli: Anfang des Monats schickt man in Plattling eine Nepomuk-Figur zur **Plättenfahrt** auf die Isar; in Weiden beginnt der **Serenaden-Sommer** im Max-Reger-Park. Bei den **Waldkirchner Marktrichtertagen** erinnert der Ort an seine früheren Marktrechte. Eine Woche später feiert Zwiesel das **Grenzlandfest**; auf dem Annaberg über Sulzbach-Rosenberg findet das traditionelle **Bergfest** statt und in Neuschönau trifft man sich zum **Internationalen Filmfestival NaturVisionen**.

August: In Bad Abbach steht das **Niederbayerische Krautfest** auf dem Programm. Beim **Bürgerfest** in Kötzting ermitteln die starken Bayerwaldler ihre Meister im Steinheben und Fingerhakeln, und am zweiten Wochenende des Monats beginnt in Straubing das **Gäubodenvolksfest** mit der Ostbayernschau. Zu **Mariä Himmelfahrt** treffen sich Hunderte bei Bischofsmais zur **Geißkopfkirchweih**. Ende des Monats beginnt in Landshut die **Bartlmädult** und in Regensburg die **Herbstdult**; in Kötzting ist **Rosstag** mit Festzug.

September: Der Monat beginnt mit dem **St. Hermann-Ritt** der Pferdefreunde in Bischofsmais und endet nach vielen Volks- bzw. Kirchweihfesten mit einem kleinen Almabtrieb in Bodenmais.

Bei den Christkindlmärkten hat man die Qual der Wahl

Mitte des Monats ist in Landshut **Haferlmarkt,** auf hochdeutsch: **Keramikmarkt**.

Oktober: Dies ist der Monat der Volkswandertage. Am ersten Wochenende feiert man auf der Burgruine Wolfstein das **Drachenfest**. In vielen Dörfern ist Kirchweih mit Markt, die **Allerweltskirta**.

November: Um den Leonharditag herum (6. November) putzen die Reiter ihre Pferde für die **Leonhardiritte** zu Ehren des Schutzpatrons heraus, etwa in Waldkirchen oder Neureichenau.

Dezember: In vielen Gemeinden wird ein **Christkindlmarkt** abgehalten (z.B. in Regensburg), mancherorts findet man **Krippenwege** (u.a. in Straubing), und in Ringelai begeht man sogar eine im 18. Jh. begründete **Christkindlwallfahrt** am dritten Adventssonntag.

Essen und Trinken

Wer Bayern nur ein wenig kennt, weiß: Essen und Trinken dienen nicht nur der Nahrungsaufnahme, sondern sind auch eine Frage des Lebensstils. Die Tradition hat ihren Platz auf dem üppig beladenen Teller. Herzhaft, deftig und mit knuspriger Kruste kommt das klassische Festtagsgericht, Schweinsbraten mit Knödl und (Sauer-)Kraut, auf den Tisch, unwiderstehlich süß sind die Mehlspeisen – einst das Freitags-Fastenessen. Dazu kommen Schmalzgebackenes und Eingemachtes, kräftige Soßen und herzhafte Brotzeiten.

Bodenständige Vielfalt ...

In der Küche Niederbayerns und der Oberpfalz verbinden sich überlieferte Rezepte und moderne Ernährungskunde zu bodenständiger Vielfalt mit genießerfreundlichem Preis-Mengen-Verhältnis. Nur eines ist hier fehl am Platz: eine Kalorientabelle.

Die Zutaten für solche Schmankerln mit manchmal schwer auszusprechenden Namen kommen meist aus der näheren Umgebung, frisch vom spezialisierten Bauernhof. Dort mästen die Landwirte Weide-

Fachbairisch

- **Bauerngeselchtes** in Salzlake marinierter, geräucherter Schweinebauch oder -rücken
- **Erdäpfelkas** Kartoffelbrei, mit saurem Rahm, Zwiebeln, Salz und Pfeffer gewürzt
- **Pichelsteiner/Büchelsteiner** Eintopf aus Kalbs-, Rind- und Schweinefleisch mit Kartoffeln und Möhren
- **Schwammerl** Pilze, oft speziell Pfifferlinge
- **Surfleisch** marinierter, gekochter Schweinebauch
- **Topf'nsupp'n** Suppe aus geronnener Milch mit Brotstücken
- **Semmelknödel** Klöße aus geschnittenen, mit Milch und Ei vermischten Brötchen
- **Lebzelt'n** Lebkuchen
- **Dotsch, Reiberdatschi** Kartoffelpuffer
- **Kletznbrot** Früchtebrot mit getrockneten Birnen, Feigen und Rosinen
- **Auszog'ne** tellerförmiges Schmalzgebäck
- **Hollerkiachl** in Teig getauchte und in heißem Schmalz ausgebackene Holunderblüten
- **Radler** helles Bier mit Zitronenlimonade
- **Russ'** Weißbier mit Zitronenlimonade

kalbinnen und Bayerwaldschafe, kräftige Gänse und stattliche Ochsen. In den Wäldern und Gehegen wachsen Damwild und Wildschweine, Fasane und Hasen heran. In den Dörfern verarbeiten die Metzger das Fleisch zu würzigen Würsten und allerlei G'selchtem. Die Früchte aus dem Obstgarten werden zu Most gepresst oder als Kompott und feine Marmelade eingekocht, Kräuter aus dem Bauerngarten geben den Soßen ihren raffinierten Geschmack.

... mit Überraschungseffekt

Seit immer mehr Gastwirte und Zimmervermieter den Reiz der ländlichen Küche für ihre Gäste entdecken, servieren sie zum Frühstück wieder Bauernmilch und frischen Honig, zum Kaffee hausgemachte Obstkuchen und zu fast jeder Gelegenheit eine frische Halbe Bier, möglichst von einer der vielen kleinen Brauereien im Land. »Zoigl« (› S. 125) heißen diese Bierspezialitäten in der Oberpfalz. Im Bayerischen Wald nimmt man zur Verdauungsförderung und auch als Medizin ein Stamperl scharf-aromatischen Bärwurz (40–45 %). Diesen klaren Schnaps destilliert man aus der in Alkohol angesetzten Bärwurzel, die nur auf kalkarmen Gebirgsböden wächst und unter Naturschutz steht.

Sollten Sie in der weiten Wald- und Wiesenlandschaft Niederbayerns und der Oberpfalz mit Bärenhunger unterwegs sein, bitten Sie einfach die Einheimischen um einen nahrhaften Tipp oder versuchen Sie es mit einem der von uns empfohlenen Gasthäuser.

!! »Bayerwald Premium – Qualität und Natur« ist das Gütesiegel, unter dem Metzger, Bäcker, Bierbrauer und Schnapsbrenner aus der Region ihre typischen Produkte aus der Region vermarkten. Auch die Gastronomen mit dem Etikett »Waidla-Wirt« legen Wert darauf, dass in ihren Küchen heimische Schmankerl zubereitet werden.

Echt gut!

ESS-Kunst und andere kulinarische Genüsse

- Zwei Sterne, acht Tische und edle Köstlichkeiten von Thomas Kellermann machen die trutzige **Burg Wernberg** in der Oberpfalz zum Gourmettempel. › S. 25
- Bodenständig und immer erstklassig komponiert sind die Menüs im **Landgasthof Schuster**, Freyung. Absolut faire Preise. › S. 77
- Im **Schwingshackls ESS-Kunst**, dem Restaurant des Reblingerhofs bei Deggendorf, zelebriert der Chef persönlich Kunst in Kalorien und Raffinesse (Rebling 3, 94505 Bernried, Tel. 0 99 05/82 81, www.reblingerhof.de; ●●●).
- Eine feste Größe für Gourmets sind die kreativen Leckerbissen von André Greul vom **Fürstenhof** in Landshut (Stethaimer Str. 3, Tel. 08 71/92 55-0, www.fuerstenhof.la)
- Im **Il Giardino**, dem Gourmetrestaurant des Columbia Hotels Bad Griesbach, verwöhnt Kochkünstler Denis Feix seine Gäste. › S. 113

Unterwegs in Niederbayern und Oberpfalz

Entdecken Sie die einzelnen Reiseregionen – jeweils mit den schönsten Touren, allem Sehens- und Erlebenswerten, Hotel-, Restaurant-, Nightlife- und Shoppingtipps

1 ***Regensburg

Nicht verpassen!

- Im Gewirr von Gassen und Höfen bummeln
- In der Historischen Wurstkuchl Bratwürst' mit Sauerkraut essen
- Mit der Zille durch den Donaudurchbruch treiben

Karte Seite 56

Zur Orientierung

In einem Tag von den alten Römern zur Hightechindustrie – dazu braucht man in Regensburg keine Zeitmaschine. Auf engstem Raum ist am nördlichen Knick der Donau eine Kultur der anderen gefolgt, und jede hat, zumindest in der Altstadt, ein paar Bauwerke für die Nachwelt hinterlassen. 1200 historische Gebäude sind es insgesamt. Das Faszinierende an dieser Stadt ist die Selbstverständlichkeit, mit der die Menschen in einem Gewirr aus 2000 Jahren Geschichte leben. Dazu gehört die nervenaufreibende Parkplatzsuche in der Innenstadt ebenso wie der verwinkelte Weg durch drei Innenhöfe zum idyllischen Appartement in einem mittelalterlichen Handwerkshäuschen. Seit Juli 2006 trägt Regensburgs Altstadt stolz den Titel UNESCO-Welterbe und wird seitdem an manchen Tagen von Kreuzfahrttouristen geradezu überschwemmt. Über den touristischen Betrieb in der Altstadt hinaus ist die Hauptstadt der Oberpfalz jedoch auch eine freundliche Großstadt mit rund 150 000 Einwohnern, in der sich bedeutende Industriebetriebe wie Siemens und BMW angesiedelt haben. Universität und Fachhochschulen mit knapp 27 000 Studenten beleben nicht nur die Kultur- und Kneipenszene.

Steinerne Brücke und Dom

Verkehrsmittel

Regensburg erreicht man über die Autobahnen A 3 Nürnberg–Passau und A 93 München–Weiden. Parkplätze findet man mit Glück am Donaumarkt sowie im Donaueinkaufszentrum und im Parkhaus am Hauptbahnhof. Die Innenstadt ist gut zu Fuß erkundbar, Bussse pendeln zwischen Bahnhof, Dom und Obermünster.

Mit den weißen **Ausflugsschiffen** an der Anlegestelle unterhalb der Steinernen Brücke kann man kurze Rundfahrten über den Donaustrudel und Ganztagesausflüge Richtung **Kelheim** › S. 59 oder **Walhalla** › S. 62 unternehmen.

In zwei liebevoll restaurierten historischen Schiffen, die an der Thundorferstr. vertäut sind, veranschaulicht das **Donau-Schifffahrtsmuseum** die Historie der Wasserstraße (Tel. 09 41/5 07-58 88; April–Okt. 10–17 Uhr). Echt gut!

Wichtige Adressen

- **Tourist-Information**
Altes Rathaus, Rathausplatz 4,
Tel. 09 41/5 07-44 10
www.regensburg.de
- **Stadtmaus GmbH**
Thundorferstr. 1
Tel. 09 41/23 03 60-0,
www.stadtmaus.de.
Kulturagentur mit einem ideenreichen Angebot an Führungen.

Karte Seite 56

Unterwegs in Regensburg

Altstadt-Spaziergang

-4- **Domkomplex St. Peter › *Alte Kapelle › *Historisches Museum › Porta Praetoria › **Steinerne Brücke › *Altes Rathaus › Haidplatz › *Schottenkirche St. Jakob › *St. Emmeram › Document Neupfarrplatz

Dauer: ca. 5 Std. reine Gehzeit
Praktische Hinweise: Man sollte sich genügend Zeit nehmen, um zumindest den Domkomplex, das Alte Rathaus sowie das Schloss von St. Emmeram zu besichtigen, für einen Bummel durch die Torbögen und Arkaden der Altstadt und eine Genusspause in einem der schönen Cafés.

**Domkomplex St. Peter A

Auf einem Hügel über der Donau erhebt sich der Dom St. Peter, die bedeutendste gotische Kathedrale Süddeutschlands und Wahrzeichen der Stadt: 85 m lang, 34 m breit; die Türme 105 m hoch. Der um 1250 begonnene Sakralbau ersetzte eine Kirche aus der Karolingerzeit. Da die bayerischen Handwerker keine Erfahrung mit der gotischen Bauweise hatten, berief Bischof Leo zuerst französische Facharbeiter an die Donau. Seit jenen Tagen ist der Dom eine endlose Baustelle. Der gewaltige Chor war 1325 vollendet, doch dann stockten die Arbeiten, weil die Pest den Regensburger Händlern die Kundschaft nahm. 1525 musste man den Bau, die Türme waren noch nicht fertig, sogar einstellen. Erst gut 300 Jahre später ließ König Ludwig I. von Bayern die Turmspitzen aufsetzen.

Den Innenraum hatte Seine Majestät schon früher »regotisieren« lassen, ohne viel Rücksichtnahme auf einzigartige Kunstwerke anderer Epochen. Zu den schönsten Ausstattungsstücken zählen die **gotischen Glasfenster,** die fünf steinernen **Baldachinaltäre,** der **barocke Hochaltar** (1785) sowie die **Verkündigungsgruppe** an den westlichen Vierungspfeilern (Domführungen Mai–Okt. Mo–Sa 11, 14 Uhr, So 14 Uhr, Nov.–April tgl. 14 Uhr).

Der nördliche Ausgang führt direkt zum **Domschatzmuseum** in den Räumen der alten Bischofsresidenz, wo goldglänzende Gewänder und wertvolle Reliquien aus dem Fundus der geistlichen Herren ausgestellt sind (April bis Okt. Di–Sa 10–17 Uhr, So 12 bis 17 Uhr, Dez.–März Fr, Sa 10–16 Uhr, So 12–16 Uhr). Der **Domkreuzgang** ist sehenswert wegen der gut erhaltenen Grabdenkmäler und der romanischen **Allerheiligenkapelle** mit Wandmalereien aus dem 12. Jh.

Karte Seite 56

Bis zum **Diözesanmuseum St. Ulrich** in der kühlen Erhabenheit der frühgotischen Dompfarrkirche aus dem 13. Jh. sind es nur wenige Schritte. Wer auf die Ausstellung sakraler Skulpturen und feiner Goldschmiedearbeiten verzichten will, kann, am besten mit einem Fernglas, die nach Westen gewandte Außenfront der Kathedrale mit unzähligen gotischen Figuren, Balustraden, Furcht erregenden Wasserspeiern und verzierten Spitzgiebeln bewundern.

*Alte Kapelle B

Vorbei am Herzogshof der Agilolfinger, wo vor rund 100 Jahren noch die Kaiserpfalz stand und heute die Post mit ihrem Emblem die Fassade verschandelt, erreicht man die Alte Kapelle, das älteste Gotteshaus Bayerns (967 urkundlich erwähnt). Ihr Innenraum ist eine Kostbarkeit des späten Rokoko, und da die meisten Besucher direkt in den Dom streben, kann man hier in Ruhe verweilen. In der daran anschließenden **Vituskapelle** (um 1270) steht u.a. eine Marienstatue aus dem 14. Jh.

*Historisches Museum C

Eine Auswahl an Kunstgegenständen von der Steinzeit bis ins 19. Jh. präsentiert das sehenswerte Historische Museum. In den Räumen des ehemaligen Minoritenklosters St. Salvator (erbaut um 1200) kann man an einem regnerischen Tag Exponate aus dem alten Castra Regina (› S. 58), aus der Werkstatt des Malers Albrecht Altdorfer (1480–1538) und Nierentische der 1950er-Jahre bestaunen. Auch Kindern bietet dieser museumspädagogisch gut konzipierte Komplex so manche historische Erleuchtung (Dachauplatz 2–4, Di bis So 10–16 Uhr, Do bis 20 Uhr).

Porta Praetoria D

In der Gasse Unter den Schwibbögen findet man den Rest einer römischen Toranlage: die Porta Praetoria. Sie bildete einst das zur Donau gelegene Nordtor des Legionslagers der Römer, das im Jahr 179 n. Chr. unter der Herrschaft von Mark Aurel gebaut wurde. Der Stein mit der entsprechenden Torinschrift befindet sich heute im Stadtmuseum.

Dom St. Peter

**Steinerne Brücke E

Wer durch das Gassengewirr den Hügel hinabgeht, kommt an der Steinernen Brücke nicht vorbei. 1146 fertiggestellt, war das 310 m lange Bauwerk seinerzeit der wichtigste Übergang über den Strom weit und breit. Bis voraussichtlich 2015 wird die Brücke aufwendig saniert. Auf der Brüstung zeigen Stadtführer den Gästen gerne die steinerne Figur des Baumeisters, der nachsieht, ob die Türme am Dom endlich fertiggemauert sind. Am südlichen Brückenkopf schließt sich der um 1620 erbaute imposante Salzstadel an. Damals wurde das kostbare Salz von der Saline aus Bad Reichenhall hierher gebracht und weiter in die ganze Oberpfalz verfrachtet. Heute bietet er reichlich Platz für Ausstellungen, Feiern und ein beliebtes Café.

Strategisch günstig haben vor über 500 Jahren die Urahnen der heutigen Wirtsleute gleich neben der Brückenbauhütte die **Wurstkuchl** eröffnet, eine mit dem werbeträchtigen Prädikat »historisch« ausgezeichnete Institution. Schon Goethe genoss hier Bratwurst und Sauerkraut (Thundorferstr. 3, tgl. bis 19 Uhr ●).

– 4 – Regensburg

A Domkomplex St. Peter
B Alte Kapelle
C Historisches Museum
D Porta Praetoria
E Steinerne Brücke
F Altes Rathaus
G Haidplatz
H Schottenkirche St. Jakob
I St. Emmeram
J Document Neupfarrplatz

Karte Seite 56

*Altes Rathaus F

In dem verwinkelten Konglomerat spätmittelalterlicher Gebäudeteile tagte von 1663 bis 1806 der Immerwährende Reichstag. Heute empfängt die Stadt hier ihre Ehrengäste. Normalbürger können das Reichstagsmuseum, die prunkvollen Säle, das Beratungszimmer der Kurfürsten und die unheimliche Fragstatt (Folterraum) samt Armesünderstube nur mit einer **Führung** besichtigen (www.regensburg.de; Info: Tel. 09 41/5 07-34 42).

Haidplatz G

Auf dem dreieckigen Haidplatz bauen jeden Morgen die Obst- und Gemüsehändler ihre Stände auf. In der Neuen Waag trafen sich 1541 Melanchthon und Dr. Eck zum theologischen Diskurs; das auffällige Gebäude auf der Nordseite ist das **Goldene Kreuz,** eine Patrizierburg und das Geburtshaus des Don Juan d'Austria (1547–1578), unehelicher Sohn von Kaiser Karl V. und der Bürgerlichen Barbara Blomberg.

*Schottenkirche St. Jakob H

Am Bismarckplatz liegt die romanische Schottenkirche St. Jakob. Bruder Mercherdach, der um 1040 an jener Stelle eine Einsiedlerklause bezog, war allerdings kein Schotte, sondern, wie seine Glaubensbrüder, die im 12. Jh. die Kirche bauten, ein irischer Benediktiner. Das ***Nordportal** ist eins der schönsten Werke romanischer Kunst in Bayern.

Detail des Schottenportals

*St. Emmeram I

Im Schloss der Fürsten von Thurn und Taxis, Wohnsitz der Adelsfamilie seit 1812 und einst ein Benediktinerkloster, kann man das Schlossmuseum, den Marstall, die heutige Pfarrkirche und den Kreuzgang besichtigen. Der Schlosspark ist im Sommer während der Schlossfestspiele, im Winter zum **Weihnachtsmarkt** zugänglich. Das Fürstliche Brauhaus liegt in der Waffnergasse 6.

Echt gut!

In der ehemaligen **Klosterkirche** haben die Brüder Cosmas Damian und Egid Quirin Asam bei der Barockisierung einer gotischen Basilika ihre Talente zum Lobe Gottes eingesetzt: Plastische Heiligenfiguren und gewaltige Fresken mit Szenen aus dem Leben des 685 ermordeten hl. Emmeram sind hier zu bewundern.

Weltliche Schätze aus der Kunstsammlung des Fürstenhauses schmücken die Säle des **Schlossmuseums** (Emmeramsplatz 5, www.thurnundtaxis.de; Besichtigung nur mit Führung, Buchung: Tel. 09 41/50 48-1 33).

Document Neupfarrplatz J

Unter dem Pflaster des zentralen Marktplatzes lädt das Document Neupfarrplatz genannte **Archäologische Museum** zu einer Zeitreise durch Mauerreste des römischen Legionslagers, des mittelalterlichen Judenviertels und eines Nazi-Bunkers ein (Führungen: Do, Fr, Sa 14.30 Uhr; Tel. 09 41/5 07-34 42). Auf dem Pflaster zeichnen die 72 Betonblöcke einer begehbaren Skulptur des israelischen Künstlers Dani Karavan die Grundrisse der 1519 zerstörten Synagoge nach.

Hotels

■ **Bischofshof**
Krauterermarkt 3
Tel. 09 41/5 84 60
www.hotel-bischofshof.de
Mit einer gelungenen Mischung aus Tradition und modernem Komfort das beste Haus am Platz. ●●●

■ **Hotel Held**
Irl 11
Tel. 09 41/94 20
www.hotel-held.de
140-Betten-Haus in ruhiger Stadtrandlage, rustikal eingerichtet, gute regionale Küche. ●●

Restaurants

■ **Leerer Beutel**
Bertoldstr. 9
Tel. 09 41/5 89 97
Urgemütliches Gasthaus mit großer Tradition, günstigem Mittagstisch (auch vegetarisch), Ausstellungen, Konzertsaal und originellen Themenabenden. Tgl. außer Mo. ●–●●

Stadtgeschichte

Aus Grabungsfunden schließen Archäologen, dass bereits in vorchristlicher Zeit Menschen im Tal der Donau gesiedelt haben. Die Kelten nannten ihre Stadt an der Mündung von Regen und Naab »Radabona«. Wo heute der Stadtteil Kumpfmühl liegt, errichteten die Römer um 90 n. Chr. ein Kohortenlager, 179 n. Chr. war ihr Stützpunkt »Castra Regina« vollendet. Im 6. Jh. nahmen die Agilolfinger die Festung in Besitz, 739 gründete der hl. Bonifatius das Bistum Regensburg. Unter Karl dem Großen entwickelte sich die Siedlung zum führenden Königshof in Süddeutschland, die Kaufleute handelten in ganz Europa mit Wein, Salz und teuren Tuchen. 1245 wurde Regensburg Freie Reichsstadt; die stolzen Bürger legten ihr Geld zusammen und ließen das imponierende Rathaus (heute das »Alte«) erbauen. Von 1663 bis 1806 trat in dessen Reichssaal der »Immerwährende Reichstag« des Heiligen Römischen Reiches Deutscher Nation zusammen. Seit 1748 haben in Regensburg die Fürsten von Thurn und Taxis ihren festen Platz, was ihnen u.a. das Postmonopol und einen gewaltigen Grundbesitz einbrachte.

■ **Kneitinger**
Arnulfplatz 3
Tel. 09 41/5 24 55
Altbayerische Stiftsbrauerei mit großem Biergarten. ●●

■ Auch die **Biergärten** am **Spitalhof** (nordwestl. der Steinernen Brücke) und von **Schloss Prüfening** (Prüfeninger Str. 183) sind gute Adressen für laue, fröhliche Sommerabende. ●

■ Schokoladige Köstlichkeiten, hausgemachte Torten und einfallsreiche Imbiss-Kreationen werden seit 1686 im **Café Prinzess** (Rathausplatz 2) und neuerdings auch im heimeligen **Café Orphée** (Gesandtenstr. 28) gereicht.

Nightlife

■ Am Abend gibt es Kleinkunst und Kabarett in der **Alten Mälzerei** (Galgenbergstr. 20).

■ Nimmermüde vergnügen sich bis in den frühen Morgen in den **Kneipen und Bars rund um die Bachgasse.**

Ausflüge ab Regensburg

*Kelheim 1

Über die B 16 Richtung Südwesten (nach 25 km in Saal a. d. Donau rechts abbiegen) gelangt man in einer guten halben Stunde mit dem Auto nach Kelheim. Mittelalterliches Flair verbreiten vier Befestigungstürme, drei Tortürme und ein Teil der Stadtmauer aus dem 13. Jh. Damals herrschte der Wittelsbacher Herzog Ludwig I. mit dem Beinamen der Kelheimer in der schmucken Stadt an der Donau, bis ihn 1231 ein Unbekannter unter dem damaligen Donautor meuchelte. Nach dem Mord an Herzog Ludwig ließ dessen Nachfolger den Tatort zur Sühnekapelle umbauen und verlegte die Residenz nach Landshut.

Die bedeutendsten Exponate des **Archäologischen Museums** im Herzogskasten, ein imposanter Bau aus dem 15. Jh., und einst als Getreidespeicher genutzt, wurden bei Bauarbeiten des Rhein-Main-Donau-Kanals entdeckt. So fanden Forscher heraus, dass der Raum Kelheim seit Neandertaler-Zeiten vor 80 000 Jahren ständig besiedelt war (Lederergasse 11, 93309 Kelheim, Tel. 0 94 41/1 04 92; 1. April–2. Nov. Di–So 10–17 Uhr, www.archaeologisches-museum-kelheim.de).

Die gelbe **Befreiungshalle** auf dem Michelsberg, ein monumentaler Rundtempel, ließ König Ludwig I. von Hofbaumeister Leo von Klenze 1842–1863 zu Ehren der »teutschen Befreiungskämpfer aus dem napoleonischen Joch« errichten. 34 Siegesgöttinnen aus Carrara-Marmor stehen im Inneren, sie halten Bronzetafeln, die aus eingeschmolzenen Geschützen geformt wurden (Tel. 0 94 41/6 82 07-0; 19. März–Okt. 9–18 Uhr, Nov.–18. März 9–16 Uhr, www.schloesser.bayern.de).

Die schönste Verbindung zwischen Befreiungshalle und Kloster Weltenburg (› S. 60) ist eine **Schifffahrt auf dem wildromantischen Donauabschnitt** (Tel. 0 94 41/58 58; Hin- und Rückfahrt 1 Std., Mai–Okt. Abfahrt im 45-Min.-Takt, Fahrradmitnahme, Anbieter unter www.kelheim.de).

Echt gut!

Info

■ **Touristik-Information**
im Rathaus, Ludwigsplatz 1
93309 Kelheim
Tel. 0 94 41/70 12 34
www.kelheim.de

Hotel

■ **Weißes Lamm**
Ludwigstr. 12.
Tel. 0 94 41/2 00 90
Typischer altbayerischer Gasthof mit guter Regionalküche. ●●

Restaurant

■ **Weißes Brauhaus**
Emil-Ott-Str. 3
Tel. 0 94 41/34 80
Traditionsreiches Brauhaus mit Gewölben und historischer Kegelbahn. ●●

2 **Kloster Weltenburg und Donaudurchbruch 2

Wenige Kilometer von Kelheim donauaufwärts ziehen Kloster Weltenburg und die spektakuläre Schlucht des Donaudurchbruchs die Besucher an. Für Kulturreisende ist die 1718 geweihte Asamkirche der Benediktinerabtei am felsigen Eingang zum **Bayerischen Grand Canyon** ein Muss. Allerdings erstrahlt die Figur des Kirchenpatrons, des hl. Georg, auf dem Hochaltar nur im frühen Morgenlicht, ansonsten dominiert in der Kirche kühles Blau. (Führungen auf Anfrage: Tel. 0 94 41/59 11).

Ech gu

Vor der **Wallfahrtskapelle** auf dem Felsabsatz herrscht noch jene kontemplative Ruhe, die Missionare aus dem Kloster Luxeil im 7. Jh. zur Gründung von Weltenburg bewogen hat.

Rund zehn Personen finden auf einer **urigen Zille** Platz, die ein erfahrener Bootsführer in ca. einer Stunde durch die Strudel des Donaudurchbruchs steuert (Anmeldung: Tel. 0 94 41/1 01 89).

Ech gu

Restaurant

■ **Klosterschänke Weltenburg**
Asamstr. 32
Tel. 0 94 41/67 57-0
Im schönen Biergarten schmeckt das Bier aus der ältesten Klosterbrauerei der Welt besonders gut. ●●

1 Kelheim
2 Kloster Weltenburg und Donaudurchbruch
3 Bad Abbach
4 Bad Gögging
5 Walhalla
6 Kallmünz
7 Burg Wolfsegg

Karte Seite 60

Kloster Weltenburg, vom Donaudurchbruch aus gesehen

Bad Abbach und Bad Gögging

Auf halbem Weg nach Kelheim erreicht man über die B 16 in kurzer Zeit **Bad Abbach** 3, wo sich schon vor über 400 Jahren Kaiser Karl V. von den Strapazen des Reichstags entspannte. Heutzutage genießen Kur- und Badegäste mit Rheuma und anderen Beschwerden das warme Wasser in der 700 m² umfassenden **Kaiser-Therme.** Der Wellnessbereich bietet z.B. den Luxus eines Nachtkerzenöl- oder Heubades.

Der Weg weiter nach **Bad Gögging** 4 führt auf landschaftlich schöner Nebenstrecke in einer knappen Stunde über Kelheim und Weltenburg entlang der Donau. Unterwegs kommt man an dem ehemaligen römischen Kohortenlager Castra Abusina vorbei, das 80 n. Chr., zur Zeit des Kaisers Titus, am südöstlichen Beginn des Obergermanisch-Raetischen Limes beim heutigen Dorf **Eining (Kastell Eining)**, einem Ortsteil von Neustadt a.d. Donau, gegründet worden war (April–Okt. tgl. 9–18 Uhr, www.altmuehltal.de). Das Kurbad knüpft an die exquisite römische Badekultur an; in der großzügigen **Limes-Therme** kann man sich u.a. in 15 Thermalbecken, in der Römersauna sowie in einer Salzgrotte verwöhnen lassen.

Info

- **Kurverwaltung Bad Abbach**

Kaiser-Karl-V.-Allee 5
93077 Bad Abbach
Tel. 0 94 05/9 59 9-0
www.bad-abbach.de

- **Tourist-Information Bad Gögging**

Heiligenstädter Straße 5
93333 Neustadt a.d. Donau
Tel. kostenfrei 08 00/46 34 44 64
www.bad-goegging.de

Karte Seite 60

Stolz thront die Walhalla über der Donau

*Walhalla 5

Zehn Kilometer östlich von Regensburg erhebt sich bei Donaustauf die Ruhmes- und Ehrenhalle Walhalla über dem Donautal, ein imposanter, klassizistischer Bau. 358 Stufen führen hinauf zu König Ludwigs I. marmorweißem »Tempel deutscher Ehren«, der 1830–1842 nach den Plänen seines Hofarchitekten Leo von Klenze errichtet worden ist. Die Büsten von 128 bedeutenden Männern und lediglich sechs Frauen – Kaiserin Katharina II., Kaiserin Maria Theresia, Gräfin Amalia von Hessen-Kassel, Schwester Theresia Gerhardinger, Sophie Scholl und die Philosophin Edith Stein – sind dort zu sehen (93093 Donaustauf, Tel. 0 94 03/96 16 80, www.walhalla-regensburg.de, April–Sept. tgl. 9–17.45 Uhr, Okt. 9–16.45 Uhr, Nov.–März 10–11.45 Uhr und 13–15.45 Uhr).

Kallmünz und *Burg Wolfsegg

Wer es eilig hat, fährt auf der A 3 in Richtung Nürnberg bis zur Anschlussstelle Laaber oder Beratzhausen und erreicht in einer guten halben Stunde Kallmünz; schöner ist allerdings die Nebenstrecke entlang der Naab, die vor Nittendorf von der B 8 abzweigt.

Am Zusammenfluss von Naab und Vils ducken sich die bunten Häuser des Marktes **Kallmünz** 6 an die Felswände. Vor allem Maler schwärmen für die Fülle von Motiven in den engen Gassen. Schon Wassily Kandinsky und Gabriele Münter griffen hier zum Pinsel.

Kreative Gäste finden im **Kursangebot des Künstlerhauses Scholz** viele originelle Anregungen (Alte Dinauer Str. 1, 93183 Kallmünz, Tel. 0 94 73/13 31, www.gaestehaus-scholz.de). Echt gut

Wenige Kilometer entfernt zeigt sich die seit dem Mittelalter unverfälscht erhaltene **Burg Wolfsegg** 7 mit dem mächtigen Pallas von ihrer malerischen Seite. Legenden ranken sich um den Geist der Weißen Frau, der in den Gemäuern herumspuken soll. Bei Tageslicht jedoch spricht vor allem die facettenreiche Dauerausstellung »Leben auf der Burg« für einen Besuch (Tel. 0 94 09/ 16 60; Mai–Sept. an den Wochenenden und an Feiertagen 10–16 Uhr, www.burg-wolfsegg.de).

Bayerischer Wald

Nicht verpassen!

- Barocke Pracht und italienisches Flair in der Dreiflüssestadt Passau genießen
- Schnäppchen jagen bei der Shoppingtour durch die Glasbläsereien
- Das grüne Dach Europas erkunden bei einer Wanderung auf dem Grenzkammweg
- Wölfe, Luchse und Bären suchen im Nationalpark

Zur Orientierung

Jeder kennt ihn, den abwechslungsreichen Bayerischen Wald, wo man nicht nur endlos wandern, sondern auch »griabig« – zu Deutsch: gemütlich – einkehren kann. Dunkelgrün und sonnengelb, luftig blau und blumenwiesenbunt, so präsentiert er sich auf gut 150 Kilometer Länge von seiner schönsten Seite. Wer wollte – und jahrelang Zeit hätte –, könnte zwischen Dreisessel und Hohem Bogen in jedem Dorfkirchlein eine sakrale Kostbarkeit entdecken, könnte sich in den Wirtshäusern mit Genuss eine respektable »Wampn« anfuttern, ein paar tausend Kilometer wandern und dabei Unglaubliches erleben.

Ganz im Süden, wo Donau, Inn und Ilz ineinanderfließen, liegt **Passau,** ein leuchtendes Juwel, das nach dem Stadtbrand im Jahr 1662 als barockes Schmuckstück in den weiß-blauen Himmel gewachsen ist. Die Dreiflüssestadt strahlt in satten Farben, die verschachtelten Quartiere verbreiten geradezu italienisches Flair.

Mühle im Bayerischen Wald

Kurvige Straßen führen dann hinauf in den Vorderen Bayerischen Wald und das **Dreiburgenland,** eine freundliche Hügellandschaft, an deren nordöstlichem Rand die dunklen Wellen des Waldgebirges wogen.

Vom **Dreisessel** im Südosten bis hinauf zu den **Arber-Gipfeln** reihen sich parallel zum Grenzkamm des Gebirgszuges schmucke Kleinstädte, urige Wirtshäuser, reizvolle Museen und Glashütten. Natürlich ist der **Nationalpark Bayerischer Wald** der Besuchermagnet, auch die Kuppen von Lusen, Rachel, Großem Falkenstein und Arber sind an manchen sonnigen Wochenenden sehr gut besucht. Und in den **Glashütten** drängen sich die Schnäppchenjäger. Aber keine Sorge, es gibt von allem genug im 6 000 km² großen Wohlfühlwald zwischen Passau und **Cham.**

Wo der »Woid« jedoch am schönsten ist, muss jeder für sich selbst herausfinden. Vielleicht auf dem Seelensteig bei **Spiegelau,** wo die Natur einen ehemaligen Totholzhang wieder zum Blühen bringt? Oder bei der Rast am schwarzblauen **Rachelsee**? Im Bierzelt, wenn die Blasmusik für Stimmung sorgt? Oder beim eleganten Abendessen mit regionalen Spezialitäten?

Karte
Seite 66

Touren in der Region

Dreiflüsseeck und Steinerne Welt

5 Passau › Dreiburgenland › Hauzenberg › Waldkirchen › Dreisessel

Länge: 100 km, Dauer: 3 Tage
Praktische Hinweise: Gemütliche Rundfahrt mit dem eigenen Pkw, meist auf kurvigen Nebenstraßen. Am Wochenende oft Veranstaltungen im Museumsdorf Bayerischer Wald.

Nach einem ausgiebigen Stadtbummel durch die Dreiflüssestadt ****Passau** › S. 70 – und vielleicht einer kleinen Schifffahrt auf der Donau Richtung Jochenstein – ist am zweiten Tag das **Museumsdorf Bayerischer Wald** bei Titting › S. 74 die große Attraktion im **Dreiburgenland.** Reizvoll ist auch ein Abstecher in das Tal der ungebändigt fließenden Ilz mit den tief eingeschnittenen Schluchten und romantischen Ufern. Die Nacht können Sie hinter historischen Mauern in der Pension auf Schloss Englburg verbringen › S. 74. Am letzten Tag steht das ***Granitzentrum in Hauzenberg** › S. 76 mit spannenden Geschichten über die Steinhauer im »Woid« auf dem Programm. Daran anschließend lädt **Waldkirchen** › S. 77 mit seinem malerischen Marktplatz zu einem Besuch ein, bevor man die Steinpolster des ***Dreisessel** › S. 76 erklimmt.

Schatzsuche an der Glasstraße

6 Grafenau › Spiegelau › Frauenau › Zwiesel › Bodenmais › Arnbruck › Viechtach

Länge: 110 km,
Dauer: 3–4 Tage
Praktische Hinweise: Rundfahrt mit dem Pkw auf der gut ausgeschilderten Glasstraße mit zahlreichen Möglichkeiten, Schauglashütten und die Ateliers von Glaskünstlern zu besichtigen. Werksverkäufe aller namhaften Hersteller; wechselnde Ausstellungen im Glasmuseum Frauenau; abwechslungsreiches Programm bei den »Zwieseler Glastagen« im August/September. Informationen: www.dieglasstrasse.de.

Wer die faszinierende Welt der Glaskunst erkunden möchte, sollte sich einige Tage Zeit nehmen. Da die Entfernungen nicht sehr groß sind, können Sie Ihre Tageseinteilung flexibel gestalten.

Die Verbindung von Glas und Schnupftabak zeigen zum Auftakt die vielen sogenannten Schmalzlerglasln, die im Schnupftabakmuseum in **Grafenau** › S. 79 zu bewundern sind. Tiefere Eindrücke in die schweißtreibende Arbeitswelt der Glasbläser gewinnt man bei einem Besuch in der Glashütte Nachtmann in **St. Oswald-Riedlhütte** oder einer Hüttenführung im Glaszentrum **Spiegelau** › S. 84 (Mo–Fr 9–13 Uhr). Danach drängen sich die zerbrechlichen Kunstwerke: Vom

Glasmuseum in ***Frauenau** › S. 84 zur weltweit höchsten Kristallglaspyramide in ***Zwiesel** › S. 85 sind es nur wenige Kilometer. Neben dem Burgkasten von **Weißenstein** bei Regen (› Special Glas, S. 43) wächst ein »Gläserner Wald« in den Himmel, am Ortsrand von ***Bodenmais** › S. 86 steht der gläserne Supermarkt mit dem riesigen Sortiment von Joska, im Glasdorf **Arnbruck** (› Special Glas, S. 43) schillert, funkelt und glänzt ein bunter Garten voller Glasobjekte der Firma Weinfurtner. Bei **Viechtach** › S. 92 schließlich tritt Quarz, einer der Rohstoffe für die Glasproduktion, in geballter Form zutage: Der Große Pfahl, eine 150 km lange und mehrere hundert Meter breite Quarzader, spaltet hier wie ein riesiger Keil die Landschaft, während in der »Gläsernen Scheune« im Ortsteil Rauhbühl und im »Gewölbe der Geheimnisse« einmal mehr die Meisterschaft der Glaskünstler und deren funkelnde Preziosen beeindrucken.

Karte Seite 66

Wanderung auf dem grünen Dach Europas

7 Waldhäuser › Lusen › Rachel › Schachten › Höllbachgspreng › Großer Falkenstein › Bayerisch Eisenstein

Länge: ca. 50 km, Dauer: 3 Tage
Praktische Hinweise: Anspruchsvolle Streckenwanderung mit mehreren Wegvarianten, Trittsicherheit, Kondition und funktionale Ausrüstung auch für Regenwetter vorausgesetzt. Einkehrmöglichkeiten an den Gipfeln. Im Winter auch als Bayerwaldloipe für leistungsstarke Skilangläufer gespurt. Markierung: Grünes Dreieck für den Europa-Fernwanderweg E 6.

Der erste Tag führt in zunächst sanftem, dann steilem Anstieg auf dem **Bergbach-Lehrpfad** zum Teufelsloch, wo unter den

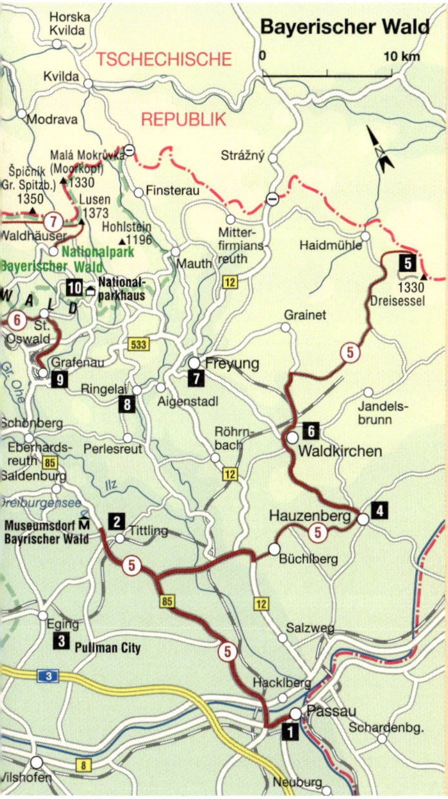

5
Dreiflüsseeck und Steinerne Welt Passau › Dreiburgenland › Hauzenberg › Waldkirchen › Dreisessel

6
Schatzsuche an der Glasstraße Grafenau › Spiegelau › Frauenau › Zwiesel › Bodenmais › Arnbruck › Viechtach

7
Wanderung auf dem grünen Dach Europas Waldhäuser › Lusen › Rachel › Schachten › Höllbachgspreng › Großer Falkenstein › Bayerisch Eisenstein

8
Im Schatten des Großen Arber Bodenmais › Lamer Winkel › Bad Kötzting › Neukirchen Hl. Blut › Furth im Wald › Cham

Zauberhafte Stimmung: verschneite Bergfichten am Arber

Granitbrocken versteckt die Kleine Ohe rauscht. Ein bequemer, schnurgerader Weg und danach die steile Himmelsleiter führen hinauf zum 1373 m hohen ***Lusen** › S. 83. Nach einer Verschnaufpause mit großartigem Rundblick geht man zurück zum Teufelsloch und dann auf einem schönen, weichen Waldweg Richtung Nordosten zur Felsenkanzel und zum tiefblauen **Rachelsee,** dem »Auge des Bayerwaldes«. Ein erneuter Anstieg vorbei an der hölzernen Kapelle über dem See endet auf der Felsenkuppe des 1453 m hohen ***Rachel** (› Special Wildnis S. 80). Eindrucksvoll säumen hier die abgestorbenen Fichtenstämme wie graue Kreuze den Horizont, dazwischen jedoch sprießt junge Vegetation, der Wald lebt wieder auf. Da man im nahen **Waldschmidthaus** (Mai–Okt. bewirtschaftet, Mo Ruhetag, Tel. 01 72/7 85 03 62) auf dem Rachel zwar einkehren, aber nicht übernachten kann, muss man Richtung Bushaltestelle »Gfäll« oder nach Buchenau absteigen und in einem der im Tal gelegenen Orte Quertier beziehen. Einen Teil der Strecke kann man mit dem Igelbus zurücklegen.

Der zweite Wandertag führt von Oberfrauenau durch die stimmungsvolle Idylle der **Schachten** › S. 86, ehemalige Rodungsinseln und Hochweiden mit stillen Moorseen, auf dem Fernwanderweg E 6 über den Grenzkamm zum Gipfel des **Großen Falkensteins** (1312 m); eine abenteuerlichere Variante weist von Buchenau hinein in das wildromantische Fels- und Urwaldgelände der ****Höllbachgspreng** und steil hinauf auf den Gipfel, wo man sich im Schutzhaus bei einer zünftigen Brotzeit stärken und dann über Nacht ausschlafen kann (Mai–Okt. tgl. ab 10 Uhr; einfaches Quartier für max. 60 Personen nach Anmeldung, Tel. 0 99 25/90 33 66).

Die letzte Etappe schließlich steigt ab zum **Ruckowitzschachten** und weiter nach **Zwieslerwaldhaus,** wo die ersten Biergärten unwiderstehlich zur Einkehr verlocken. Wer noch mag, kann einen Schlenker zum urigen **Schwellhäusl** › S. 85 machen. Dort fließt das Bier aus einem Granitfelsen. Nun kann man weiter nach **Bayerisch Eisenstein** › S. 85 absteigen; wer aber nicht mehr laufen möchte, gelangt auch mit dem Igelbus über Ludwigsthal dorthin.

Im Schatten des Großen Arber

8 Bodenmais › Lamer Winkel › Bad Kötzting › *Neukirchen Hl. Blut › Furth im Wald › *Cham

Länge: 85 km; Dauer: 3 Tage
Praktische Hinweise: Gemütliche Tour mit dem Pkw zu Sehenswürdigkeiten abseits der Hauptstrecken; Wanderwege im Arbergebiet, am Osser und Hohen Bogen.

Mit seinem Heilstollen im Silberberg, den vielen Glashütten und einem abwechslungsreichen Freizeitangebot ist ***Bodenmais** › S. 86 ganzjährig ein beliebtes Reiseziel. Wer dem 1456 m hohen ***Arber-Gipfel** › S. 86, den König des Bayerischen Waldes, nicht auf einem Forstweg erobern will, kann entweder die Seilbahn nehmen oder anspruchvollere Wegvarianten ins Auge fassen. Durch die »Seewand« sollte man jedoch nur bei schönem Wetter und mit guten Wanderschuhen steigen!

Das Gebiet zwischen Arber und Hohem Bogen, der ****Lamer Winkel** › S. 87, hat sich ganz auf die Wünsche von Familien eingestellt; hier gibt es am zweiten Tag der Tour Erlebnisbäder und Sportmöglichkeiten, Kinderprogramme, ein Märchenschloss in **Lam** › S. 88, einen Tierpark, Historienspektakel und in **Bad Kötzting** › S. 91 sogar eine staatliche Spielbank. Tags darauf fährt man über ***Neukirchen b. Hl. Blut** › S. 89 mit seiner Wallfahrtskirche ins schmucke **Furth im Wald** › S. 90, wo man sich u.a die Felsengänge ansieht. Abschließend kann man sich in ***Cham** › S. 90 von den bunten Fassaden und den blühenden Gartenlandschaften am Regen bezaubern lassen.

Verkehrsmittel

Noch immer ist der öffentliche Personennahverkehr so lückenhaft, dass eine Reise mit dem Pkw die einzige reelle Möglichkeit für diese zersiedelte Urlaubsregion bleibt. Nur im Bereich des Nationalparks Bayerischer Wald pendeln die mit Erdgas betriebenen Igelbusse zur Freude von Wanderern und Ausflüglern regelmäßig zwischen den attraktiven Orten.

Unterwegs im Bayerischen Wald

3 **Passau 1

Schon 300 Jahre v. Chr. siedelten die Kelten in »Boiodurum«, die Römer legten etwa 80 n. Chr. ein Militärlager am rechten Innufer an und gründeten um 280 n. Chr. auf dem heutigen Domberg das Kastell »Batavis«. Ihr Geld verdienten die Passauer Bürger mit Salz, Getreide und Bauholz, die wahren Herren der Dreiflüssestadt jedoch trugen bodenlange Talare und residierten auf dem Domhügel. Bereits vor 739, als der hl. Bonifatius auf Geheiß von Papst Gregor III. in Passau ein Bistum einrichtete, gab es dort einen Bischof; seit 1217 Fürstbistum lenkte der Kirchenadel bis Anfang des 19. Jh. die Geschicke der Stadt. Zwischen den katholischen Potentaten und dem lieben Gott persönlich standen bis 1728 nur der Erzbischof von Salzburg und der Papst. Erst Napoleon und die Säkularisation nahmen den Fürstbischöfen die politische Macht.

Passaus auffällig bemalter Rathausturm

Ob Kelten, Römer oder Baiern, Handelsherren und vor allem die machtbewussten Fürstbischöfe, sie alle kontrollierten von der strategisch günstigen Landzunge zwischen Donau und Inn aus weite Teile des Umlands. Schon im Mittelalter war Passau ein kulturelles Zentrum und das reich geschmückte Tor zum Osten mit einem geschäftigen Binnenhafen. Heute präsentiert sich die Altstadt als imposantes Freilichtmuseum mit Blattgoldauflage; frischer Wind weht durch die Gassen der alten Bischofsstadt, seit 1978 die Universität eröffnet wurde. Romantische Gemüter nähern sich der Dreiflüssestadt per Schiff und steigen gleich im Zentrum aus.

!! Die **Europäischen Wochen Passau** im Juni und Juli sind mit über 60 Veranstaltungen – vom klassischen Konzert bis zur Podiumsdiskussion – ein kultureller Höhepunkt (Tel. 08 51/75 20 20, www.ew-passau.de).

*Rathaus A

Ein viereckiger, auffällig bemalter Turm weist den Weg zum Rathaus auf dem ehemaligen Fischmarkt an der Donau. Der vordere Teil des Baus stammt aus dem Jahr 1393, die Anbauten und Innenhöfe sind Werke barocker Baumeister, den Turm ließen die Stadtväter erst 1888–1893 aufsetzen. An der rechten Ecke der Rathausfront zeigt eine Skala die historischen Hochwasserstände der Donau an: 1954 etwa schwappte der Fluss bis auf 12,20 m Höhe an den Wänden der alten Häuser hinauf.

Den großen wie den kleinen **Rathaussaal** hat der Historienmaler Ferdinand Wagner 1885 mit monumentalen Gemälden verziert. Ein Bild zeigt den Einzug Kriemhilds in Passau. Angeblich war Bischof Pilgrim, der 971–991 auf dem Domberg regierte, ein Onkel Kriemhilds. Er soll auch die Niederschrift des Nibelungenliedes in der Dreiflüssestadt veranlasst haben.

Residenzplatz B

Wären nicht die Autos, so könnte man sich auf dem Residenzplatz leicht in vergangene Zeiten versetzt fühlen: Barock, Rokoko, Klassizismus von allen Seiten, über dem Supermarkt hängt noch das Schild »Kolonialwaren« und um den **Wittelsbacherbrunnen** von 1903 kreisen die Tauben.

**Dom St. Stephan C

Dom St. Stephan, barockes Wahrzeichen der Stadt

Der Passauer Dom mit seinen 68 m hohen Doppeltürmen, so wie er heute die Besucher fasziniert, ist ein Werk des 17. Jhs. Das Langhaus des gotischen Vorgängerbaus stürzte am Fronleichnamstag 1662 bei der ersten Musketensalve der Bürgerwehr ein. Allerdings war die Statik der Kirche schon seit dem verheerenden Stadtbrand vom 27. April 1662 geschwächt, bei dem rund 80 % der Gebäude den Flammen zum Opfer fielen. Unter der Leitung des Italieners Carlo Lurago entstand danach 1668–1678 die **größte Barockkirche Deutschlands.** Im Inneren kann man Stuckarbeiten von Giovanni Battista Carlone, imposante Deckengemälde und eine vollständig vergoldete Kanzel bewundern.

Echt gut!

Die Hauptattraktion von St. Stephan ist die **größte Kirchenorgel der Welt,** ein Instrument mit 5 Manualen, 233 klingenden Registern und 17 974 Orgelpfeifen.

Auf fünf Standorte verteilt, erfüllt der Klang der Orgel den gesamten Innenraum (regelm. Konzerte).

Innufer und Dreiflüsseeck

Unweit des Exerzierplatzes steht vor der Passauer Universität die **St. Nikola-Kirche** D des ehemaligen Augustiner-Chorherrenstifts aus dem 14. Jh. Ein schöner Spaziergang führt von hier an der **Innpromenade** entlang, wo im Sommer Flaneure den Donauschiffen beim Wendemanöver vor der Marienbrücke zuschauen. Der **Schaiblingsturm** am Innkai aus dem 14. Jh. war Teil des alten Salzhafens. Vom Turm aus sind es noch rund 200 m bis zum **Dreiflüsseeck** E. Dort drängt sich von rechts das grünbraune Wasser des Inns in die Donau, und auf der Gegenseite mündet neben der **Veste Niederhaus** die dunkelblaue Ilz in den Strom. Am Zusammenfluss ist der Inn nach 517 km übrigens 210 m breit, die Donau 125 m – allerdings hat sie in Passau noch 2226 km bis zum Schwarzen Meer vor sich.

Echt gut!

Im spannungsreichen Kontrast zum Altstadtflair stehen die wechselnden Ausstellungen des **Museums Moderner Kunst** der Stiftung Wörlen, die neben den Werken berühmter Künstler wie Gustav Klimt und Egon Schiele vor allem auch jüngere Künstler aus dem süddeutschen Raum und aus Österreich vorstellen (Bräugasse 17, Tel. 08 51/38 38 79-0, www.mmk-passau.de; Di–So 10 bis 18 Uhr).

Veste Oberhaus F

Mit Auto oder Pendelbus (alle 30 Min. ab Rathausplatz) über die Neue Rieser Straße oder zu Fuß über den Ludwigsteig kommt man hinauf zur Veste Oberhaus. Auf dem steilen Georgsberg zwischen Donau und Ilz ließ sich Bischof Ulrich II. 1219 eine Trutzburg bauen, in der sich die Domherren verschanzten, wenn die Bürgerschaft wieder einmal den Aufstand gegen den Kirchenadel probte. Im 17. Jh. wurde Oberhaus zur barocken Festung erweitert, ein doppelter Wehrgang verbindet sie mit dem im 13. Jh. auf einer Felsspitze erbauten Niederhaus. Die ehemaligen Wohn- und Arbeitsräume beherbergen heute das **OberhausMuseum** mit zahlreichen Abteilungen, darunter **Böhmerwald-** und **Feuerwehrmuseum**. Das Burgcafé lädt während der Museumsöffnungszeiten zur Rast ein (Veste Oberhaus 125, Tel. 08 51/4 93 35-12, www.oberhausmuseum.de; geöffnet 15. März–15. Nov. Mo–Fr 9–17 Uhr, Sa, So, Fei 10–18 Uhr).

Kapuzinerkloster G

Die Veste Niederhaus ist in Privatbesitz. Ihr gegenüber zieht das weiß-rote Kapuzinerkloster auf dem Mariahilfberg über dem Inn die Blicke auf sich. Man erreicht das Kloster mit der frühbarocken Wallfahrtskirche, wenn man über die Marienbrücke in die malerische Innstadt geht bzw. fährt und den 358 m hohen Bergrücken erklimmt. Das beeindruckendste Kleinod in der **Wallfahrtskirche**

Karte Seite 73

Mariahilf (1624–1627) ist eine siebenarmige silberne Ampel des Augsburger Goldschmieds Lukas Lang. Der Habsburger Leopold I. machte sie dem Kloster anlässlich seiner Hochzeit mit Eleonora von der Pfalz-Neuburg zum Geschenk. An den Seiten sind 47 Votivtafeln aus dem 19. Jh. ausgestellt.

Römermuseum H

Am Inn führt der Weg zum Römermuseum »Kastell Boiotro«, das die ausgegrabenen Fundamente des einstigen Römerkastells zeigt (Lederergasse 43, Tel. 08 51/3 47 69; März–15. Nov. Di bis So 10–16 Uhr). Auch die Fundamente der Kirche **St. Severin,** die vom hl. Severin († 482) gegründet worden sein soll und heute als Friedhofskirche dient, stammen aus der Antike.

Info

■ **Passau Tourismus e. V.**
Bahnhofstr. 36 und Rathausplatz 3
94032 Passau
Tel. 08 51/95 59 80
www.passau.de
Stadtführungen April–Okt. tgl. 14.30 Uhr ab Domportal.

■ **Ausflugsschiffe** der Reederei Wurm + Köck legen halbstündlich am Donaukai ab (Tel. 08 51/92 92 92).

■ **Die Passau Card** bietet – je nach Geltungsdauer – zu Preisen von 14,50 € für 24 Std. bis 59 € für 3 Wochen (Winter 13,50–53 €) Eintrittsermäßigungen und Rabatte in Passau und vielen Orten im Bayerischen Thermenland und Bayerischen Wald sowie freie Fahrt mit dem Passauer ÖPNV (www.passaucard.de).

■ **Parkplätze** Nachdem die Baumaßnahmen in Passaus »Neuer Mitte« abgeschlossen sind, bietet die Zentralgarage günstige Parkmöglichkeiten.

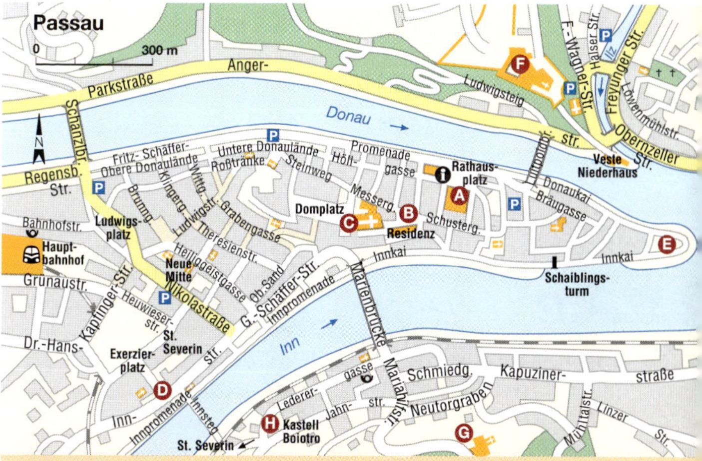

A Rathaus
B Residenzplatz
C Dom St. Stephan
D St. Nikola-Kirche
E Dreiflüsseeck
F Veste Oberhaus
G Kapuzinerkloster
H Römermuseum

Hotels

■ **Atrium**
Neue Rieser Str. 6
Tel. 08 51/98 86 68-8
www.atrium-passau.de
Schöner Neubau; in den großzügigen Zimmern dominieren Ahorn und Birke, einige sind mit Betten in Überlänge oder Wasserbetten ausgestattet. ●●●

■ **Wilder Mann**
Am Rathausplatz
Tel. 08 51/3 50 71
www.wilder-mann.com
Stilvolles Traditionshaus in zentraler Lage; erstklassige Küche und privates Glasmuseum. ●●

■ **Rotel Inn**
Hauptbahnhof/Donauufer
Tel. 08 51/9 51 60
www.rotel-inn.de
Funktionales Low-Budget-Designerhotel mit sehr kleinen Zimmern. ●

Schimpf und Schande

Ach, war es nicht schön, damals in den 1970er- und 1980er-Jahren, als ein paar bitterböse Sätze von Sigi Zimmerschied die Honoratioren der biederen Kleinstadt noch um den Schlaf und den Kabarettisten fast vors Gericht brachten? Damals waren Passau und das **Scharfrichterhaus** der Kreißsaal der niederbayerischen Satire. Inzwischen hat sich die Aufregung gelegt. Zimmerschied gastiert nur noch ab und zu in der Milchgasse 2, sein einstiger Kompagnon Bruno Jonas machte im Fernsehen Karriere. Das Scharfrichterhaus aber hat sich in 30 Jahren zu einer renommierten Adresse für Kleinkunst entwickelt. Wer hier gastiert, muss deutlich mehr bieten als Comedy-Kalauer. Denn in Sachen spöttischer Kritik sind die Passauer eine fachkundige Jury – dem bösen Sigi sei Dank!

Restaurants

■ **Hl.-Geist-Stiftschenke**
Heilig-Geist-Gasse 4
Tel. 08 51/26 07
Regionale Schmankerl und stiftseigene Weine, Mi. Ruhetag. ●●

■ **Restaurant im Scharfrichterhaus**
Milchgasse 2
Tel. 08 51/3 59 00
www.scharfrichterhaus.de
Tafelkultur in 800 Jahre alten Mauern, tolle österreichische Weinkarte. ●●

■ **Jodlerwirt**
Schrottgasse 12
Tel. 08 51/24 22
Wirtshaus mit Lokalkolorit und deftigen Speisen. ●●

Ausflüge ab Passau

Dreiburgenland mit Museumsdorf Bayerischer Wald 2

Über die B 85 erreicht man in etwa 30 Min. Tittling und den malerisch gelegenen **Dreiburgensee,** eingerahmt von drei beeindruckenden Waldschlössern. Die ehemalige **Ritterveste Saldenburg** bietet den prächtigen Rahmen für Mittelalterfeste, Konzerte und Märkte, **Schloss Englburg** wird als Pension genutzt. **Schloss Fürstenstein**, ehemals ein Internat, wird derzeit saniert. Und

Drehort von Rosenmüllers »Räuber Kneißl«: das Museumsdorf in Tittling

durch das Dreiburgenland fließt **die Ilz, das letzte ungezähmte Wildwasser** Ostbayerns, dessen tiefe Schluchten und romantische Ufer nicht nur Kanuten lieben.

!! Ein Schild mit einer Muschel und einer Perle ziert die Häuser der **Ilztal-Schmankerlwirte,** die neben regionalen Köstlichkeiten auch Nachtquartiere und aktuelle Tipps aus der Region anbieten (www.ilztal-wirte.de).

Am Südostufer des Dreiburgensees bietet das **Museumsdorf Bayerischer Wald** einzigartige Einblicke in die bäuerliche Architektur vergangener Zeiten. Beim Spaziergang durch die Ansammlung von über 120 alten Höfen mit historischem Gerät lernt man auch alte Arbeitstechniken und manche Anekdote über das Landleben kennen, und im Gasthaus Mühlhiasl geht es immer zünftig zu (Tel. 0 85 04/84 82, www.museumsdorf.com; Ostern bis Ende Okt. tgl. 9–17 Uhr).

Hotel

■ **Schloss Englburg**
Englburg 49, 94104 Tittling
Tel. 0 85 04/ 95 76 20
www.schloss-englburg.com
Übernachten hinter historischen Mauern. Schöner Biergarten. ●

Pullman City 3

Cowboys und Squaws aus Leidenschaft kennen im Bayerischen Wald nur ein Ziel: Die 25 km von Passau entfernte Westernstadt Pullman City bei Eging am See (A3 Passau–Deggendorf, Ausfahrt Garham/Vilshofen). Hier wirbeln Stuntmen beim Rodeo fast so flott durch die Luft wie die Röcke der Ladys beim Square Dance. Es gibt einen Saloon und wilde Raufereien, einen Marterpfahl und Lagerfeuerromantik, sowie Schlafplätze im Palacehotel, Blockhaus oder Tipi für Abenteuerlustige jeden Alters (Ruberting 30, 94535 Eging am See, Tel. 0 85 44/97 49-0, www.pullmancity.de).

4 *Granit-zentrum Hauzenberg 4

Trutzig wie eine postmoderne Burg wacht die visionäre Front des Granitzentrums Bayerischer Wald über dem familiären Ferienort Hauzenberg.

Buchstäblich aus dem Konglomeratgestein gehauen findet man dort in der Ausstellung **Steinwelten** die Entstehung und Verarbeitung des »kalten Bluts der Erde« bestens dokumentiert: Ein ruckelnder Fahrstuhl befördert die Besucher hinab in die Welt der Mineralien, wo sie multimedial geleitet eintauchen in das harte Leben der Granithauer in der Region (Passauer Str. 11, 94051 Hauzenberg, www.steinwelten.de; Jan.–März tgl. 10–16 Uhr, April bis Okt. tgl. 9–18 Uhr).

Hotel

■ **Gidibauer Hof**
Grub 7, 94051 Hauzenberg
Tel. 0 85 86/96 44-0
www.gidibauer.de
Ein Stück heile Welt, vor allem für Familien, ist das Naturhotel mit seinen hellen Zimmern, dem üppigen Freizeitangebot und dem guten Essen aus der Region. ●●

*Dreisessel 5

Nach einer kurvigen Tour durch den Wald ragt der Dreisessel bei Haidmühle in den Himmel, ein bizarres Felsmassiv am **Dreiländereck** von Deutschland, Österreich und der Tschechischen Republik. Sein 1330 m hoher Gipfel sieht aus wie ein gewaltiger Stapel Granitscheiben. Der Legende nach saßen auf den Steintürmen einst die Herrscher von Böhmen, Bayern und Österreich, um ihre

Im Granitzentrum Hauzenberg

Ländergrenzen zu bestimmen. Als Wegbegleiter wäre ein Buch von Adalbert Stifter (1805–1868) ideal, der dem stillen Hochwald literarisch ein Denkmal gesetzt hat: »Meine ganze Seele hängt an dieser Gegend. Wenn ich irgendwo völlig genese, dann dort.«

Waldkirchen 6

Die gepflegten Gartenanlagen, Erbe der Landesgartenschau 2007, die nahe **Saußbachklamm** und die Lage am **Goldenen Steig** › S. 89, dem traditionsreichen Handelsweg durch den Unteren Bayerischen Wald, machen Waldkirchen als Reiseziel interessant. Im Ortsteil Schiefweg steht das Geburtshaus der Schriftstellerin Emerenz Meier (1874–1928), und auf dem Stadtplatz grüßt die Granitfigur des Ewigen Hochzeiters seine junge Freundin, die Gretl.

Info

■ **Tourismusbüro**
Ringmauerstr. 14
94065 Waldkirchen
Tel. 0 85 81/1 94 33
www.waldkirchen.de

Freyung 7

Einst Rodungssiedlung und Bergwerksstadt am Goldenen Steig, lebt die Kleinstadt heute vor allem vom Tourismus. Im **Schramlhaus,** einem über 300 Jahre alten typischen Vierseithof aus dem 17. Jh., hat der bäuerliche Alltag ein Refugium gefunden; neben Trachten und schönen Hinterglasbildern sind typische Möbel aus der Region sowie historische Geräte ausgestellt (Abteistr. 8, Tel. 0 85 51/12 76; Di, Do 14–17 Uhr, Sa 10 bis 12 Uhr; 16. Juni–15. Sept. auch Mi und Fr 14–17 Uhr).

Auf **Schloss Wolfstein** logierten einst die Passauer Bischöfe beim Jagdausflug. Heute informiert das **Jagd- und Fischereimuseum** über die Wildtiere im Wald, Wilderei und die Ökologie der Bäche. Eine Galerie zeigt zeitgenössische Regionalkunst (Wolfkerstr. 3, Tel. 0 85 51/5 71 09; Di bis So 10–17 Uhr, im Herbst und Winter eingeschränkt).

Info

■ **Tourist-Information**
Rathausplatz 2
94078 Freyung
Tel. 0 85 51/58 81 50
www.freyung.de

Hotel

■ **Landhotel-Gasthof Brodinger**
Zuppinger Str. 3, 94078 Freyung
Tel. 0 85 51/43 42
www.brodinger.de
Mit individuellem Charme geführtes Nichtraucher-Refugium; ausgezeichnete Küche mit bayerischen, italienischen und asiatischen Akzenten, kleiner Wellness-Bereich. ●●

Restaurant

■ **Landgasthof Schuster**
Ort 19, 94078 Freyung
Tel. 0 85 51/71 84
Ländliche Spitzengastronomie mit experimentellem Charme und Kochschule; vielfach ausgezeichnet und dennoch bezahlbar. Mo geschl. ●●

Die Buchberger Leite zählt zu den »100 schönsten Geotopen Bayerns«

Ringelai 8

Prähistorisches Steinwerkzeug, das der Hobbyarchäologe Paul Freund auf einem Acker bei Ringelai fand, gab den Anstoß für den **Erlebnispark Gabreta** im Stil einer Keltensiedlung. In den Lehmhäusern finden nun u.a. steinzeitliche Töpferkurse, Kinderworkshops und Historienfeste statt (Lichtenau 1a, 94160 Ringelai, Tel. 0 85 55/40 73-10, www.gabreta.de). Eine 2,5-stündige Wanderung durch die Wildwasserklamm **Buchberger Leite** zwischen Ringelai und Freyung (www.ringelai.de) führt tief hinein in die Geologie des Gebirges; eine Hängebrücke und Holzbänke für die Rast erschließen das Tal.

Die **Mund+Art-Bühne Ringelai** im Theaterstadl des Ferienhotels Groß ist eine Heimstatt für echtes Bauerntheater ohne den üblichen krachledernen Trivial-Humor. Auf dem Spielplan stehen Komödien und sogar Musicals in Mundart sowie kritische Stücke über die Waldheimat (Aufführungen meistens Fr/Sa, unbedingt Karten vorbestellen unter Tel. 0 85 83/26 47 oder www.mund-und-art.de).

»Woid«-Leben

Wer mehr wissen will über Alltag, Landwirtschaft und Bräuche im Bayerischen Wald, dem empfiehlt sich ein Besuch des **Freilichtmuseums Finsterau.** Ähnlich wie in Tittling (› S. 75) sind hier typische Waldlerhäuser zusammengetragen und mit viel Liebe zum Detail eingerichtet worden (Museumsstr. 51, 94151 Finsterau, Tel. 0 85 57/96 06-0, www.freilichtmuseum.de; Mai–Sept. 9–18 Uhr, Okt. 9–16 Uhr, 1. Nov.–24. Dez. geschl., 25. Dez.–April 11–16 Uhr).

Hotel

■ **Landhotel Koller**
Perlesreuther Str. 5
94160 Ringelai
Tel. 0 85 55/9 70 00
www.wolfsteiner-ohe.de
Familiäre Gastlichkeit in idyllischer Lage, Reitstall und Tennisplatz in der Nähe. ●●

Grafenau 9

Der Luftkurort ist das Eingangstor zum Nationalpark. Seine rund 7000 Einwohner leben hauptsächlich vom Fremdenverkehr. Im Mittelalter war die Siedlung eine wichtige Station für den Salzhandel am **Goldenen Steig** › S. 89. Einen Kurzbesuch wert sind auf jeden Fall die **Stadtpfarrkirche** mit historischen Plastiken sowie das weltweit einmalige **Schnupftabakmuseum** in der Perlesreuther Schnupftabakfabrik. Bis 1974 wurde hier aus Brasiltabak, Mangotes (eine gegorene Tabak-Frucht-Mischung), Kalk und Gewürzen der kräftige »Schmalzler« hergestellt (Spitalstraße, gegenüber der Post, Tel. 01 75/ 2 13 84 09).

Am ersten Samstag im August feiern die Grafenauer in prächtigen Gewändern das **Salzsäumerfest**; im September wird ein **Leonhardiritt** veranstaltet.

Info

■ **Tourist-Information Grafenau**
Rathausgasse 1
94481 Grafenau
Tel. 0 85 52/96 23 43
www.grafenau.de

Hotel

■ **Hubertus**
Grüb 20
94481 Grafenau
Tel. 0 85 52/9 64 90
www.hubertus-grafenau.de
Außen alpin, innen modern – mit Wellness-Bereich. Im Restaurant diverse Buffets. ●●–●●●

Restaurant

■ **Säumerhof**
Steinberg 32
94481 Grafenau
Tel. 0 85 52/4 08 99-0
www.saeumerhof.de
Ausgezeichnete Adresse für ländliche Spezialitäten auf höchstem Niveau. ●●●

5 **Nationalpark Bayer. Wald

Holzgeschnitzte Tafeln mit einem Auerhahn kündigen die Hauptattraktion an, den Nationalpark Bayerischer Wald. Als die bayerische Staatsregierung am 7. Oktober 1970 rund um die Berge ***Rachel** und ***Lusen** erstmals in Deutschland ein großes, bis dahin forstwirtschaftlich genutztes Waldgebiet als Nationalpark auswies, wussten weder die Politiker in München noch die Forstfachleute oder gar die Menschen am Rande dieses Schutzgebietes, was sich dort zwischen Fichten und Farnen entwickeln sollte: ein unübersichtliches Refugium für Flora und Fauna, ein Stück Urwald mitten im zivilisierten Europa, ein Streitobjekt mit Folgen.

Special

Stippvisite in der Wildnis

Wald-Wanderungen

Dunkel, steil und geradezu mystisch ist das Gebiet rund um den 1453 m hohen ***Großen Rachel.** Umgestürzte Baumgreise und riesige Granitmurmeln machen das Wandern auf den Lehrpfaden und markierten Steigen zum Abenteuer. Doch der Urwald hat auch romantische Seiten: Allein der Blick über den tiefblauen **Rachelsee** in seiner Gletschermulde auf die hölzerne Rachelkapelle entschädigt für die körperlichen Mühen.

Zwei markierte Rundwege beginnen am **Parkplatz Gfäll:** der Auerhahn-Weg, 9,5 km, Höhenunterschied 500 m, Dauer 4 Stunden, und der Specht-Weg, 6,5 km, Höhenunterschied 200 m, Dauer 2 Stunden.

Folge dem Förster!

Ungewöhnliche – und fachkundig kommentierte – Einblicke in die Tierwelt und die Ökosysteme des Nationalparks Bayerischer Wald bieten **Exkursionen mit einem Förster** der Parkverwaltung; im Winter sind sie übrigens auch per Schneeschuh oder auf Langlaufskiern unterwegs! Wer mehr über die Baustatik eines Ameisenhaufens oder das Beuteschema des Waldohrenkauzes erfahren will, erhält die Termine der Förstertouren bei folgenden Stellen:

Info

■ **Informationszentrum Hans-Eisenmann-Haus**
Nationalpark-Führungsservice
Böhmstr. 35

94556 Neuschönau
Tel. 07 00/00 77 66 55

■ **Haus zur Wildnis**
Ludwigsthal
94227 Lindberg
Tel. 0 99 22/50 02-0
www.nationalpark-bayerischer-wald.de

Leben am Fluss

Das ***Europareservat Unterer Inn** › S. 118 ist ein Refugium für bedrohte Vogelarten, für Libellen und Sumpfpflanzen. Im Winter tummelt sich sogar der eine oder andere Seeadler in der 55 Flusskilometer umfassenden Auenlandschaft, im Frühjahr und Sommer kommen den Tierfreunden u.a. Reiher, Eisvögel, Regenpfeifer und Lurche vor ihre Ferngläser, während Biber in den Altwässern des Inn ihre Dämme bauen und seltene Äskulapnattern auf Beutezug gehen.

Info

■ **Informationszentrum Unterer Inn**
Innwerkstr. 15
94140 Ering
Tel. 0 85 73/13 60
www.europareservat.de
15. März–Okt. jeden So 10 Uhr geführte Wanderungen mit Biologen und Vogelkundlern.

Feuchte Vielfalt

Versteckt zwischen Fichtelgebirge und Böhmerwald liegt rund um Tirschenreuth das Oberpfälzer **Land der Tausend Teiche.** Genau genommen sind es rund 3800 Seen und Becken, die Waldsassener Zisterzienser im Spätmittelalter zur Karpfen- und Hechtzucht anlegen ließen. Noch heute lohnt das Geschäft mit den Edelfischen und mancher Petrijünger wird hier glücklich. **Ende September** feiern die Teichwirte das **Abfischen** mit kulinarisch-unterhaltsamen Erlebniswochen.

Info

■ **Tourismuszentrum Landkreis Tirschenreuth**
Mähringer Str. 7
95643 Tirschenreuth
Tel. 0 96 31/8 82 23
www.tirschenreuth.de

Info

■ **Infohaus Isarmündung**
Maxmühle 3
94554 Moos
Tel. 0 99 38/91 90 98
www.infohaus-isarmuendung.de
April–Okt. Mi–So, Fei 10–17 Uhr.

Flusswildnis

Wo sich die grüne Isar in die blaue Donau ergießt, entstand in den letzten Jahrzehnten ein bedeutendes Naturschutzgebiet: Die **Isarmündung** ist ein Biotop für seltene Vogelarten und Rückzugsgebiet für bedrohte Insekten und Amphibien – ein letztes Stück Flusswildnis im System der regulierten Wasserstraßen Bayerns. Einblicke in die Flussökologie, in die Tier- und Pflanzenwelt gibt das Infohaus in Moos, wo auch viele spannende Exkursionen des Bundes für Naturschutz und des Landesbundes für Vogelschutz starten.

Urwald in der Kernzone

Die 130 km^2 umfassende Kernzone des Nationalparks Bayerischer Wald entlang der Grenze zur Tschechischen Republik ist mit jährlich etwa 1,5 Millionen Besuchern die größte touristische Attraktion Ostbayerns, ein dunkelgrüner Garant des Wohlstands in einer strukturschwachen Region und gleichzeitig ein Ärgernis für viele Einheimische: Weil die Natur sich selbst überlassen wird, stürzen die toten Bäume samt Wurzelteller um, wächst ein einzigartiges, allerdings »unordentliches« Ökosystem. In den morschen Fichtenstangen nisten sich außer Dreizehenspechten und seltenen Flechten auch die ungeliebten Borkenkäfer ein; die Fressspuren von Wildschweinen oder Rehen, die Höhlengänge von Bibern, einmal sogar ein paar entlaufene Wölfe, stören das Ideal vieler Anrainer vom aufgeräumten bayerischen Wirtschaftswald.

1997 weitete die Staatsregierung im fernen München das Terrain des Naturschutzgebietes auf 23 800 Hektar aus – und die Volksseele im Zwieseler Winkel brodelte; sie zürnte der »ideologischen Verblendung der Naturschützer«. Inzwischen haben sich die Wogen geglättet und der Nationalpark bildet zusammen mit dem Naturschutzgebiet Šumava in der Tschechischen Republik das **grüne Dach Europas.**

Informationszentrum Neuschönau 10

Über die Nationalparkbasisstraße erreicht man das Informationszentrum in Neuschönau. Es ist zugleich Startpunkt für viele Wanderungen. Im **Hans-Eisenmann-Haus** informiert die Nationalparkverwaltung mit Diaschauen, Dauerausstellungen und in einem

für Kinder konzipierten Museum zum Anfassen über die Tiere und Pflanzen im Lebensraum Wald, die Aufgaben des Naturschutzes und die geplante Erweiterung. Neben dem Informationszentrum wachsen in einem Steingarten etwa 900 Pflanzenarten, darunter auch vom Aussterben bedrohte Blumen und Moose. Die größte Attraktion für Besucher ist das 200 ha große **Tierfreigelände,** ein großzügiger Bayerwaldzoo mit 20 Gehegen, in denen man früher frei im Bayerischen Wald lebende Tierarten wie Wisente und Wölfe, Steinkäuze und Braunbären, Luchse und Otter sieht. Die beste, weil ruhigste Zeit für Tierbeobachtungen und zum Fotografieren sind der frühe Morgen oder lange Sommerabende.

! Der 7 km lange Rundweg ist rollstuhlgerecht angelegt, regelmäßig bieten Nationalpark-Ranger Führungen an (Termininformationen in den Infozentren des Nationalparks; › auch S. 80).

Info

- **Nationalparkverwaltung/Informationszentrum, Hans-Eisenmann-Haus**
Böhmstr. 35, 94556 Neuschönau
Tel. 0 85 58/9 61 50
www.nationalpark-bayerischer-wald.de; tgl. 9–17 Uhr, im Winter bis 16 Uhr.

Wanderwege im Nationalpark

Tiefere Einblicke in die Wildnis des Nationalparks ermöglichen Wanderungen auf den etwa 200 km markierten Wegen. Vom Informationszentrum aus erreicht

man u.a. das **Felswandergebiet** um die Kleine Kanzel, wo zwischen Blöcken aus kristallinen Schiefern phosphorfarbene Leuchtmoose schimmern. Bis auf den kahlen Gipfel des ***Lusen** dauert der Marsch gut vier Stunden.

Kürzer und auch im Winter begehbar ist der mit einem Luchs gekennzeichnete Weg vom Lusenparkplatz bei **Waldhäuser** durch den Hochwald auf den 1373 m hohen Berg, wo auf den großen Granitblöcken die seltene gelbe Schwefelflechte wächst. Vom Gipfelkreuz reicht der Blick weit in den Böhmerwald und zur Kuppe des ***Großen Rachel** im Norden.

Noch intensiver lernt man das Ökosystem eines ursprünglichen Bergmischwaldes aus Fichten, Tannen und Buchen auf den 1,3 km langen hölzernen Stegen und Treppen des **Seelensteigs** unterhalb des Parkplatzes Gfäll bei Spiegelau kennen. Um das Naturverständnis speziell von Kindern zu fördern, hat die Nationalparkverwaltung ein **Waldspielgelände** mit Erlebnispfad am Ortsrand von Spiegelau eingerichtet.

Hotels

■ **Gut Riedelsbach**
Riedelsbach 12
94089 Neureichenau
Tel 0 85 83/9 60 40
www.gut-riedelsbach.de
Im Reich von Deutschlands erstem Biersommelier Bernhard Sitter kommt der hausgebraute Gerstensaft sogar als Badezusatz im urigen Badezuber zum Einsatz. ●●

■ **Biohotel Pausnhof**
Goldener Steig 7
94568 St. Oswald
Tel. 0 85 52/4 08 86-0
www.pausnhof.de
Als Oase der Ruhe kombiniert das Biohotel ländlichen Luxus mit ganzheitlicher Wellness-Philosophie. ●●

6 *Frauenau 11 und Spiegelau

Die alte Glasbläsersiedlung **Spiegelau** und das Glasmuseum **Frauenau** sind touristische Fixpunkte am Rand des Nationalparks. Der Ort Frauenau entstand im 14. Jh. aus einer Einsiedelei und ist heute das »gläserne Herz« des Waldes. Eine Rokokokirche (1759–1767) erinnert an die jahrhundertealte Wallfahrtstradition. Ein eher heidnischer Brauch sind die fantasievoll-skurrilen »Frauenauer Raunächte« zur Faschingszeit: Mit Mummenschanz und überlieferten Zaubersprüchen beschwört man dann in geselliger Runde die Geister des Winters.

Eine auffällige **Gläserne Arche** schmückt den Eingang des 2005 eröffneten **Glasmuseums Frauenau** › S. 42. Unter Beteiligung renommierter Künstler ist dort eine gläserne Collage entstanden, eine zerbrechliche Zauberwelt mit museumsdidaktischer Finesse.

Info

■ **Tourist-Information**
Am Museumspark 1
94258 Frauenau
Tel. 0 99 26/94 10-0
www.frauenau.de

Hotel

■ **Hotel St. Florian**
Althüttenstr. 22
94258 Frauenau
Tel. 0 99 26/95 20
www.st-florian.de
Gepflegter Familienbetrieb mit Badelandschaft und feiner Regionalküche; auch Pauschalangebote. ●●

Blick über die Grenze: die Šumava

Noch ist der Böhmerwald, die Šumava, für viele Naturfreunde ein weißer Fleck auf der Landkarte. Doch immer mehr Urlauber schnuppern bei einer Tagesfahrt nach Pilsen, bei einem Ausflug in die Renaissancestadt Cesky Krumlov (Krumau) oder einer grenzüberschreitenden Wanderung hinein in das Nachbarland. Als kundige Begleiterin bietet u.a. die Biologin Lucia Pec ihre Dienste an: **Šumava NaTour,** Srni 14, CZ-34192 Srni (Rehberg) Tel. mobil (D) 01 77 7 87 63 94, www.sumava-natour.de.

Karte Seite 66

*Zwiesel 12

Am Zusammenfluss von Großem und Kleinem Regen liegt die Glasstadt Zwiesel. Bereits im Jahr 1471 wurde der Ort, den Goldwäscher angeblich schon im 10. Jh. gegründet hatten, zum Markt erhoben. Schon von Weitem sieht man den 86 m hohen Turm der neugotischen Stadtpfarrkirche **St. Nikolaus,** eine imposante dreischiffige Backsteinbasilika. Im **Waldmuseum** gleich hinter dem klassizistischen **Rathaus** von 1838 ist neben Exponaten zur regionalen Volkskultur eine große Sammlung über die Glaskunst zu sehen (Stadtplatz 29, Tel. 0 99 22/84 05 83, www.waldmuseum-zwiesel.de; › auch Special S. 42).

Nach einem Bummel durch die Geschäfte und Galerien der Glasbläsereien von Zwiesel und Theresienthal lohnt sich ein Besuch des **Naturparkhauses** (Anfahrt über B 11, Abfahrt Zwiesel-Süd, Tel. 0 99 22/80 24 80, Di–So, Fei 9.30–16.30 Uhr, www.naturpark-bayerwald.de), in dem Bayerwald-Informationen leicht verdaulich aufbereitet sind. Durch die Erweiterung des Nationalparks entstand das **Haus zur Wildnis** in Ludwigsthal (nördlich v. Zwiesel an der B 11, das auch architektonisch interessant ist (› S. 81).

Info

■ **Kur- und Tourist-Information**
Stadtplatz 27
94227 Zwiesel
Tel. 0 99 22/84 05 23 oder 13 08
www.zwiesel-tourismus.de

Vorführung eines alten Handwerks

Hotel

■ **Glashotel**
Hochstr. 45
94227 Zwiesel
Tel. 0 99 22/85 40
www.glashotel.de
Haus mit dezentem Chic und geschmackvollen Glasobjekten, großzügiges Sport- und Wellnessangebot. ●●

Restaurants

■ **Zur Waldbahn**
Bahnhofsplatz 2
94227 Zwiesel
Tel. 0 99 22/85 70
Gasthof mit rustikalen Gerichten, z.B. geschmortem Lammhaxerl. ●●

■ **Schwellhäusl**
beim Zwieslerwaldhaus
Tel. 0 99 25/4 60
Originelle Gaststätte, wo das Bier aus einem Granitfelsen gezapft wird. ●

Bayerisch Eisenstein 13

Wer sich für Eisenbahnen interessiert, kommt an Bayerisch Eisenstein nicht vorbei. Der überdimensionierte Bahnhof (1877) ist ein Relikt aus der k.u.k.-Zeit, als der Ort bayerisch-österreichische Grenzstation der Bahnlinie Deggendorf–Pilsen war. Der denkmalgeschützte Lokschuppen beherbergt das **Bayerische Localbahnmuseum** (Bahnhofstr. 44, Tel. 0 99 25/13 76; Informationen zu Öffnungszeiten: www.local bahnverein.de).

Wanderer dagegen zieht es in die **Schachten.** Diese historischen Rodungsinseln und Hochweiden zwischen Arber, Falkenstein und Rachel sind eine landschaftliche Besonderheit des Bayerischen Waldes und stehen unter Naturschutz.

*Bodenmais 14

Im ersten staatlich anerkannten Luftkurort des Bayerischen Waldes erholen sich Kurgäste mit Atemwegserkrankungen in der reinen Luft eines Nebenstollens im alten Bergwerk. Schon um 1300 holten man in »Pabenmaiz« Bodenschätze aus dem Berg; erst Silber, dann Vitriol und schließlich Potée (Eisenoxidrot), das man zum Schleifen der Gläser und zum Polieren von Spiegeln verwendete. Ein Teil des historischen Bergwerks, der Barbarastollen, ist für Besucher zugänglich.

Info

■ **Bodenmais Tourismus und Marketing GmbH**
Bahnhofstr. 56, 94249 Bodenmais
Tel. 0 99 24/7 78-1 35
www.bodenmais.de

Hotels

■ **Hotel Riederin**
Riederin 1, 94249 Bodenmais
Tel. 0 99 24/77 60
www.riederin.de
Exklusives Sporthotel mit Golfanlage, Wellness- und Beautycenter; Restaurant mit feinen Menüs. ●●●

■ **Hofbräuhaus**
Marktplatz 5, 94249 Bodenmais
Tel. 0 99 24/77 70
www.hotel-hofbraeuhaus.de
Elegantes, aber trotzdem gemütliches Hotel; mit bayerischer und internationaler Küche, auch Vollwertkost. Verwöhnwochenenden und Romantikwochen. ●–●●

Restaurant

■ **Zum Rosserer Wirt**
Silberbergstr. 21, 94249 Bodenmais
Tel. 0 99 24/13 63
www.rosserer-wirt.de
Zünftige Gaststätte mit schönem Biergarten, wo der Gerstensaft aus einem Brunnen fließt. ●●

Shopping

Auf wertvolle Unikate wie die traditionellen Heiliggeistkugeln und diffizile Holzarbeiten hat sich Joachim von Zülow, der **Herrgottschnitzer** von Bodenmais, spezialisiert. Seine Werkstatt birgt so manche Kostbarkeit (**Dreifaltigkeitsplatz 11**).

Am Arber 15

Breit, dunkel und meist dunstigverwischt schiebt sich der **Große Arber**, mit 1456 m der König des Bayerischen Waldes, an den Horizont. In den Sommermonaten stauen sich die Busse auf der Zu-

Karte Seite 66

Naturschönheit unter dichten Wäldern: der Arbersee

fahrt zum Hauptparkplatz, und viele Ausflügler stolpern in ihren Sandalen schnaufend über die Wege am **Großen Arbersee.** Für den Aufstieg sollten sie besser die Sesselbahn benutzen. Sportliche Besucher mit solidem Schuhwerk dagegen erklimmen den Berg in knapp zwei Stunden. Leider ist der mit Latschenkiefern bewachsene Gipfel von Sendemasten und einer Radarstation zur Luftüberwachung – Erbe des Kalten Krieges – so verschandelt, dass Naturfreunde schnell zum **Kleinen Arber** (1384 m) fliehen.

Am Ufer des **Kleinen Arbersees** mit den schwimmenden Grasinseln (sog. Schwingrasen), kann man sich vom touristischen Trubel erholen. Allerdings sind die beiden Arberseen, einst moorige Karseen, durch Luftverschmutzung übersäuert, sodass keine Fische mehr darin leben.

**Lamer Winkel

Ohne es weiter zu merken überschreitet man nördlich des Großen Arber eine Grenze und betritt den Regierungsbezirk Oberpfalz und dessen – neben der Hauptstadt Regensburg – touristisch bedeutendste Region: den Lamer Winkel.

Zwischen den dunklen Bergrücken von **Arber, Osser, Hohem Bogen** und **Kaitersberg** findet man noch relativ viele gut erhaltene Waldlerhäuser. Diese typischen Einfirsthöfe sind ganz aus dunklem Holz gebaut, meist zweistöckig und mit Schindeln gedeckt. Weil im Wald der Winter lang und die Witterung oft feucht ist, liegen Stall, Scheune und Heuboden direkt hinter den Wohnräumen, sodass der Bauer das Vieh versorgen kann, ohne nass zu werden.

Lam 16

Die Kleinstadt geht auf eine Klostergründung der Benediktiner von Rott am Inn zurück, die im 11. Jh. begannen, den Urwald zu roden. Siedler erhielten Freibriefe vom Böhmenherzog Bretilaw I., die sie von der Leibeigenschaft und von Steuern befreiten. Außerdem durften sie fischen, jagen und ihr eigenes Bier brauen. Über mehrere Generationen konnten die selbstbewussten künischen Freibauern ihre Rechte gegen habsüchtige Herrscher durchsetzen, bevor neue Siedler in den »Nortwalt« drängten. Ähnliche Privilegien genossen auch die Knappen, die im 15. und 16. Jh. bei Lameck Silbererz aus dem Berg holten. Im 17. Jh. dann wurde die Glasproduktion zum regionalen Wirtschaftsschwerpunkt. Im Ortsteil Lambach zieht die schön renovierte Jugendstilvilla eines Hüttenbesitzers als **Märchen- und Gespensterschloss** v.a. Besucher mit Kindern an (Mo bis Do 8.30–12 Uhr sowie Sonderveranstaltungen).

Auf dem 1,5 km langen Rundweg durch den **Bayerwald-Tierpark** im benachbarten Lohberg begegnet man rund 100 einheimischen Arten, darunter Wolf, Luchs, Auerhahn und Biber (Tel. 0 99 43/81 45, www.lohberg.de; tgl. 9–17 Uhr).

Echt gut!

Echt gut! Einmalig schöne Gärten

- Rund um den buddhistischen Stupa von Wiesent wachsen Rhododendren und viele Raritäten im **Nepal-Himalaya-Garten** (Martiniplatte, 93109 Wiesent, Tel. 0 94 82/ 95 96 86, Mai–Sept. So 13–17 Uhr, Mo 14–17 Uhr).
- Glaskunst und Pflanzenvielfalt in Harmonie kann man im großen **Park des Glasdorfs Weinfurtner** in Arnbruck bewundern. › S. 43
- Vom Stadtpark bis zum Zauberwald schlendert man in Waldkirchen auf dem blühenden Nachlass der **Landesgartenschau** 2007. › S. 77
- Traditionelle Bauerngärten sind im Oberpfälzer **Freilichtmuseum Neusath-Perschen** exemplarisch angelegt. › S. 136
- Im **Skulpturengarten Sonnenwald** bei Grattersdorf stellen 52 Künstler aus ganz Europa ihre originellen Werke aus (Hatzenberg 2, 94541 Grattersdorf, Mai–Okt. Do–Sa 15–19 Uhr, So 13–19 Uhr).
- Als Ort des Friedens bittet der **Zen-Garten** in Furth i. W. seine Besucher um meditative Stille. › S. 90

Info

- **Tourist-Info Lam**

Marktplatz 1, 93462 Lam
Tel. 0 99 43/7 77
www.lam.de

Hotel

- **Kur- und Ferienhotel Bayerwald**

Arberstr. 73, 93462 Lam
Tel. 0 99 43/95 30
www.das-bayerwald.de
Gediegene und bei Paaren beliebte Wohlfühloase mit romantischen Wellness-Angeboten; ebenfalls im Programm: Entschlackung mit Schrothkur.
●●–●●

Restaurant

- **Waldlerhaus**
Im Himmelreich 23, 93462 Lam
Tel. 0 99 43/89 12.
Bilderbuch-Wirtshaus und traumhaft gelegenes Ausflugsziel. ●●

*Neukirchen bei Hl. Blut 17

Von Lam aus kommt man nun in das breite Tal der Chamb, nach Neukirchen b. Hl. Blut, seit dem 15. Jh. Ziel einer Marienwallfahrt aus Altbayern und Böhmen. In der prächtig ausgestatteten **Kirche Mariä Geburt** suchten die Gläubigen bei einer Marienstatue Trost und Hilfe. Der Legende nach soll ein heidnischer Hussit im 15. Jh. mit seinem Schwert die Heiligenfigur gespalten und die Tat bitter bereut haben, als Blut aus dem hölzernen Haupt des Gnadenbildes floss. Die handgemalten Bildtafeln im Gestühl dienten den Bäuerinnen der Umgebung, um sich ihre Plätze in der Kirche zu reservieren.

Im **Wallfahrtsmuseum** erfährt man mehr über Pilgerschaft und Volksfrömmigkeit (Marktplatz 10, Tel. 0 99 47/94 08 23; Di–Fr 9–12 und 13–17 Uhr, Sa, So 10–12 und 13–16 Uhr).

Historische Handelsstraßen

Mutig, stark und zäh müssen sie gewesen sein, die »Spediteure« des Mittelalters. Als noch keine wetterfeste Straße durch den wilden »Nortwalt« führte, quälten sich Männer mit schwer beladenen Saumrössern zum Hauptkamm des Gebirgszuges und hinüber ins Böhmische. In Prag lieferten sie Salz und Wein, Gewürze, Seide, Tabak und Gold ab, luden für den Rückweg Hopfen, Honig, Wolle, Häute, Tuch und Braunkohle auf.

Der **Baierweg,** der **Böhmweg** sowie der **Goldene Steig** sind die ältesten und historisch wichtigsten Handelsstraßen zwischen Donau und Moldau. Erst Anfang des 19. Jhs. erleichterten neue Straßen sowie größere Fuhrwerke den Warentransport. Und heute sind die historischen Straßen im Waldgebirge reizvolle und geschichtsträchtige Fernwanderwege. Der Goldene Steig führt in vier Hauptrouten durch den unteren Bayerischen Wald. Und wer von Straubing aus dem 175 km langen Baierweg über die steilen Buckel folgt, lernt hinter Neukirchen b. Hl. Blut auch das böhmische Grenzgebiet kennen. Kurz vor dem Übergang von Eschlkam nach Tschechien hat man den Schwirzern, wie die Grenzschmuggler genannt wurden, ein Denkmal gesetzt. Ebenfalls grenzüberschreitend sind der **Künische Grenzweg** von Lam über den Osser zum Teufelssee und der **Nurtschweg,** Teil des Europäischen Fernwanderweges Ostsee–Adria, der zwischen Waldsassen und Waldmünchen an der deutsch-tschechischen Grenze entlangführt. Wer auf den Spuren Kaiser Karls IV. und Jan Hus' wandeln will, kann die Oberpfalz auf der **Goldenen Straße** durchqueren.

Maibaum auf dem Marktplatz von Cham

Furth im Wald 18

Mit altem Flair und moderner Infrastruktur zeigt sich die Grenzstadt. In der **Stadtpfarrkirche** lohnt ein Blick auf die romanische Kreuzigungsgruppe. Das **Landestormuseum** im ehemaligen Spital und im Stadtturm präsentiert fünf Jahrhunderte Regionalgeschichte samt dem 19 m-Ungetüm, das beim Historienspektakel vom **Further Drachenstich** im August die Hauptrolle spielt (Schlossplatz 4, Tel. 0 99 73/80 25 85, April bis Okt. Di–Fr 10.15–16.45 Uhr, im Winter eingeschränkt). Daneben beeindrucken der japanische **Zen-Garten** und die **Felsengänge** unter der Stadt, jahrhundertelang als Lagerräume genutzt (Mai–Sept. tgl. 13–16 Uhr).

Echt gut!

Info

Tourist-Information Furth im Wald
Schlossplatz 1, 93437 Furth im Wald
Tel. 0 99 73/5 09 80
www.furth.de

Hotel

Park-Hotel Böhmerwald
Siegmund-Adam-Str. 54
93458 Warzenried/Bayer. Wald
Tel. 0 99 47/2 00-0
www.hotel-boehmerwald.de
Imposante Hotelanlage mit vier Residenzen, Wellness-Alm und Naturheilpraxis im Grünen. ●●●

Restaurant

Gasthof zum Bay
Bayplatz 5, 94347 Furth im Wald
Tel. 0 99 73/43 34
www.bay-gastro.de
Anspruchsvolle Regionalküche, schöner Biergarten. Di Ruhetag. ●●

*Cham 19

Die schmucke Stadt an der Ostmarkstraße B 20 bildet den nördlichen Schlusspunkt für den Bayerischen Wald. Dort, wo sich der Regen in einer Schleife durch den Granit windet, mussten einst die Reichsgrafen von Cham die Grenze nach Böhmen sichern. Ihre Burg, die »Civitas Camma«, ist nur noch eine Ruine auf dem Galgenberg; in der Stadt sind jedoch einige schöne Gebäude aus dem Mittelalter erhalten, wie der **Straubinger Turm** und das dicke rote **Biertor** am Ufer des Regen. Das **Rathaus** neben der Pfarrkirche **St. Jakob** ist gotisch und wurde 1875 neugotisch erweitert.

Karte Seite 66

Eine hübsche Neuerung ist der **Figurenbrunnen** auf dem Marktplatz. Darin hat der Eggenfeldener Künstler Michael Neustifter u.a. Chams berühmtestem Bürger, dem Abenteurer Michael Luckner, ein Denkmal gesetzt. Luckner, Wirtssohn im Gasthof Schwan, zog in die weite Welt hinaus und wurde 1791, inzwischen Graf, Marschall von Frankreich.

Nur 3 km Weg sind es vom schönen Marktplatz bis nach **Chammünster**, zur Urpfarrei des oberen Bayerischen Waldes. 748 gründete hier die Abtei Regensburg ein Kloster für Benediktiner. Das heutige **Marienmünster** (Kirche St. Mariä Himmelfahrt) von 1476 birgt im Innenraum zwei romanische Taufsteine. In der St.-Anna-Kapelle sind die Reichsgrafen von Cham bestattet, auf dem Friedhof stehen schmiedeeiserne Grabkreuze, und im Karner liegen über 5000 Totenschädel.

Etwa 7 km südlich der Stadt findet sich der bei Familien beliebte **Churpfalzpark Loifling,** mit über 380 000 Besuchern Spitzenreiter unter den Attraktionen Ostbayerns, der im Stil einer Gartenschau angelegt ist (93455 Loifling bei Cham, Tel. 0 99 71/3 03 40, 15. März–19. Okt. tgl. 9–18 Uhr; www.churpfalzpark.de).

Info

Tourist-Information Cham
Propsteistr. 46
93413 Cham
Tel. 0 99 71/80 34-93 oder **-94, -95**
www.cham.de

Hotel

Randsberger Hof
Randsbergerhofstr. 15
93413 Cham
Tel. 0 99 71/8 57 70
www.randsbergerhof.de
170 gemütliche Zimmer; Sonnenstudio, Squash-Center, Kosmetikstudio u.a. mehr. ●

Restaurant

Lok
Bahnhofstr. 11
93413 Cham
Tel. 0 99 71/55 45
Außergewöhnlich stilvolles und freundliches Restaurant mit leckeren, preiswerten Gerichten und Kulturprogramm. ●

Bad Kötzting 20

Am Weißen Regen liegt auf einer historischen Rodungssiedlung der Rotter Mönche Bad Kötzting, seit einigen Jahren nicht nur Kneippkurort, sondern auch Sitz der ersten deutschen Klinik für Traditionelle Chinesische Medizin (TCM), und einer Spielbank.

Tausende Zuschauer zieht der jährliche **Pfingstritt** an, Bayerns größte Pferdewallfahrt, bei der rund 900 Männer in Tracht auf festlich geschmückten Pferden von der Veitskirche zum 7 km entfernten Nikolauskirchlein in Steinbühl reiten und nach einer Messe wieder zurück (8–13 Uhr). Sie lösen damit ein Gelübde aus dem Jahr 1412 ein.

Im Juli/August sorgen die **Waldfestspiele** mit Klassikern auf Bayerisch für Abwechslung.

Kötztinger Pfingstritt

Im nahen Ried trotzt (noch!) die tausendjährige **Wolframslinde** dem Baumsterben. Neben ihrem fünf Meter dicken, gespaltenen Stamm soll der Sage nach vor etwa 800 Jahren der Minnesänger Wolfram von Eschenbach seine Verse geschmiedet haben. In der Wallfahrtskirche im Ortsteil **Weißenregen** beugen sich zwei biblische Figuren über die Reling der Schiffskanzel von 1758, um ein Netz mit Holzfischen einzuholen. Plastisch und detailgenau hat Meister Johann Paulus Hager von Kötzting den Analphabeten des Barock gezeigt, wie die Apostel Christi nicht nur Fische, sondern auch Seelen fangen.

Info

■ **Kurverwaltung/Tourist-Information**
Herrenstr. 10, 93444 Bad Kötzting
Tel. 0 99 41/60 21 50
www.koetzting.de

Hotel

■ **Bayerwaldhof**
Liebenstein 25, 93444 Bad Kötzting
Tel. 0 99 41/9 47 95-0
www.bayerwald.hof.de
Wellness-Hotel im eleganten Landhausstil; im Angebot sind Wohlfühlbäder, Massagen, Thalasso und Ayurveda. Regionale und mediterrane Küche. ●●

Viechtach 21

Die eigenwilligen Kunstwerke, die der Glasmaler Rudolf Schmid in seiner **Gläsernen Scheune** im Ortsteil Rauhbühl realisiert hat, die einzigartigen Exponate des **Fischledermuseums** (Ringstraße 3, Tel. 0 99 42/80 96 71, Mo–Sa 10–17 Uhr), eine freundlich-übersichtliche Innenstadt, gepflegte Wanderwege und die mächtige Quarzwand des Großen Pfahls machen Viechtach zu einem beliebten Urlaubsziel. Auch das Brauchtum des Bayerischen Waldes – von den archaischen Raunächten bis zu den Festspielen auf der **Burg Neunussberg** und dem traditionellen Volksfest – wird hier begeistert gepflegt.

Echt gu

Info

■ **Tourist-Information Viechtach**
Stadtplatz 1
94234 Viechtach
Tel. 0 99 42/16 61
www.viechtach-tourismus.de

Burg Trausnitz oberhalb von Landshut

Niederbayerisches Hügelland

Nicht verpassen!

- Ein Besuch des Gäubodenvolksfests in Straubing – stilecht in Dirndl oder Lederhose!
- Auf höchstem Niveau relaxen im Bäderdreieck
- Die barocke Pracht der Asamkirchen von Metten, Altenmarkt und Aldersbach bewundern

Zur Orientierung

Sanfte Wald- und Wiesenwellen, riesige Felder, pausbäckige Zwiebeltürme und verwunschene Flussauen prägen das Bild des Niederbayerischen Hügellandes. Bekannt sind die seit Jahrhunderten gewachsenen Städte **Landshut** und **Straubing**. Dass aber auch niederbayerische Schmankerl in aller Munde sind, dass sich Fußballdiven hier ebenso prächtig verwöhnen lassen wie viele andere (K)Urlauber, das ist das Verdienst von ehrgeizigen Touristikmanagern und einfallsreichen Gastgebern, die sich immer neue Überraschungen für ihre verwöhnten Gäste einfallen lassen.

Südlich des Donauknies empfängt den Reisenden in der **Hallertau** und dem **Gäuboden** eine fruchtbare Kulturlandschaft. Grundsolide wie die hiesigen Bauern, aber trotzdem spontan, gewitzt und polyglott aufgestellt – man spricht mindestens ein wenig Englisch und mit Mühe auch Schriftdeutsch –, zeugen heimelige Stadtplätze und ein kreativer Einfallsreichtum von der kulturellen und merkantilen Potenz der Region, die gern als Kornkammer Bayerns bezeichnet wird, auch wenn dort eher Hopfen, Gurken, Kraut und Zuckerrüben angebaut werden.

Der Großraum Landshut dagegen vereint historischen Glanz mit moderner Technologie. Schicke Autos, das höfische Zere-

Die Rottal Terme in Bad Birnbach ist mit allen Schikanen ausgestattet

moniell der im Vier-Jahres-Rhythmus zelebrierten **Landshuter Hochzeit** und die gotische Altstadt sorgen für Publikumsinteresse. Im nahen **Vilstal** ist Hektik noch ein Fremdwort.

Was Dynamik auf Niederbayerisch bedeutet, haben die Menschen in mehreren Orten des Rottals in den letzten 30 Jahren erlebt: den rasanten Wandel vom Kuhdorf zum Kurzentrum. Der heiße Coup gelang mit dem bis zu 70 °C warmen Wasser, das aus der Tiefe des Urgesteins zwischen Alpen und Donau sprudelt. Münchner, Preußen, ja die halbe Welt trifft sich seitdem im **Bäderdreieck**, dem touristischen Schmuckstück des Rottals. Nicht nur im warmen Thermalwasser, auch auf den Golfplätzen (allein schon das Hartl Golf Resort › S. 113 bietet sechs 18-Loch- und drei 9-Loch-Plätze), in der Heu-Sauna und beim Sternekoch entspannt man auf höchstem Niveau. Man muss übrigens kein Kurgast sein, um die wohltuenden Angebote in **Bad Griesbach, Bad Füssing** und **Bad Birnbach** zu genießen, Tagesgäste sind in den Thermen durchaus willkommen; für Kinder gibt es allerdings Einschränkungen.

Kulturelle Abwechslung bieten nicht nur die Kirchen der Region, Museen wie das **Freilichtmuseum in Massing**, die vielen Volksfeste sowie die Nähe zur Domstadt **Passau.** Nicht zu vergessen die einzigartige Auenlandschaft im **Europareservat Unterer Inn** und die Ausflugsziele in **Niederösterreich**.

Touren in der Region

Kunstschätze längs der Donau

9 Grattersdorf › Deggendorf › Metten › Windberg › Bogen › Oberalteich › Wiesent › Walhalla

Länge: 85 km, Dauer: 2–3 Tage
Praktische Hinweise: Die beschauliche Wochenendtour macht man am besten mit dem eigenen Auto.

Der Skulpturengarten Sonnenwald bei **Grattersdorf** › S. 88 ist nicht nur für Kunstfreunde eine Augenweide. In **Deggendorf** › S. 106 locken das Kulturviertel und die stimmungsvollen Fassaden am Stadtplatz, bevor man die Kunstschätze der ****Benediktinerabtei Metten** › S. 106 erkundet und danach stilvoll im **Schloss Egg** › S. 107 einkehrt. Durch die malerische Hügellandschaft fährt man am nächsten Tag hinauf zum **Kloster Windberg** mit seiner beeindruckenden Kirche und danach zur Wallfahrtskirche auf dem ***Bogenberg** › S. 105 bei Bogen, die vor allem im Marienmonat Mai das Ziel von Pilgergruppen ist. Das wenige Kilometer entfernte **Kloster Oberaltaich** ist eine Stiftung der mächtigen Grafen von Bogen (um 1100), deren Wappen mit dem weiß-blauen Rautenmuster über dem Hochgrab in der später barockisierten Kirche zu sehen ist. Die Kirchen-

Das Alte Rathaus am Oberen Stadtplatz ist Deggendorfs Wahrzeichen

decke ist mit Motiven aus der Antike, dem Altem und Neuem Testament prächtig bemalt. In **Wiesent** bei Wörth › S. 88 kann man in dem exotischen Nepal-Himalaya-Pavillon Kunst ganz anderer Art bestaunen, und der Besuch der imposanten ***Walhalla** › S. 62 bildet den würdigen Abschluss der Tour.

Mittelalter und Bauernstolz

(10) Straubing › Bogen › Deggendorf › Plattling/ Isarmündung › Landau › Landshut

Länge: 145 km; Dauer: 4–5 Tage
Praktische Hinweise: Alternativ zum Pkw sind – allerdings zeitlich aufwendige – Verbindungen mit Bahn und Linienbus möglich.

***Straubing** › S. 100, die Gäubodenmetropole, lädt ein zum Einkaufsbummel zwischen gediegenen Bürgerhäusern, zum Staunen und Genießen. Bereits 1532 soll Kaiser Karl V. bei einem Besuch gesagt haben, »daß wegen des schoenen und weiten Felds, gesunden Luffts und Sauberkeit des Orts, Ihme in gantz Teutschland nicht bald eine Stadt besser denn Straubing« gefallen habe. Dabei gab es damals das **Gäubodenfest** noch gar nicht, jenes turbulente Großereignis mit Steckerlfisch, Blasmusik und Riesenrad, bei dem sich jedes Jahr im August über 1 Mio. Besucher durch die Budengassen schieben. Nach einem Abstecher zum historischen Friedhof von St. Peter im Stadtteil Alburg geht es donauabwärts weiter Richtung Bogen, zur weithin sichtbaren **Wallfahrtskirche auf dem *Bogenberg,** dem heiligen Berg Niederbayerns › S. 105.

In **Deggendorf** › S. 106 sollte man das Kulturviertel nicht versäumen und bei Plattling nicht die Auenwildnis im ***Mündungsbiet der Isar** › S. 108. Dem gezähmten Fluss aufwärts folgend erreicht man die Herzogstadt **Landau** › S. 119 mit ihrem lohnenswerten Vorgeschichtsmuseum im Kastenhof. Auch Dingolfing, geprägt von den BMW-Werken, hat einige schmucke Altstadtecken. Der wahre Glanz des Mittelalters jedoch erstrahlt in ***Landshut** › S. 120, Idealziel aller Städtereisenden: Freundlich und kompakt gebaut, übersichtlich, gemütlich und interessant, so ist die gotische Fürstenstadt nicht nur zur Festspielzeit der **Landshuter Hochzeit** eine Attraktion.

Fahrradtour an der Vils

(11) Vilsbiburg › Marklkofen › Reisbach › Eichendorf

Länge: 42 km; Dauer: 2 Tage
Praktische Hinweise: Leichte Fahrradtour für alle Altersgruppen mit gemütlichen Einkehrstationen und Badeseen am Wegesrand (Fahrradverleih: Rad Sport Bauer, Frontenhauser Str. 44, 84137 Vilsbiburg,Tel. 0 87 41/36 27).

Entspannt in die Pedale treten und durch die Idylle rollen, in historischen Marktflecken das unbeschwerte Leben genießen und abends im Biergarten den Tag ausklingen lassen, das ist Traumurlaub im Vilstal. Ein gut ausgebauter Fahrradweg führt, meist am schattigen Flusslauf entlang, von **Vilsbiburg** › S. 118 über **Reisbach** › S. 118 (wo sich etwa eine Übernachtung im Gasthof Zum Späth in Englmannsberg anbietet) nach **Eichendorf.** Bei schlechtem Wetter erreicht man mit Linienbussen Landshut oder Landau; Kinder freuen sich auf den **Bayern-Park bei Reisbach** › S. 118.

Niederbayerischer Klosterwinkel

(12) Metten › Niederalteich › Osterhofen-Altenmarkt › Aldersbach › Sammarei › Ortenburg › Fürstenzell › Neuburg a. Inn › Asbach

Länge: 75 km; Dauer: 2–3 Tage
Praktische Hinweise: Besinnlicher und intensiver kann man die religiösen Stätten bei einem mehrtägigen Reise zu Fuß auf dem Pilgerweg Via Nova › S. 108 erleben.

Eine Reise durch den niederbayerischen Klosterwinkel kann schnell zum Kompaktkurs in Lebensfreude werden. Schlanke Zwiebeltürme, mächtige Klosteranlagen und hinter Kastanien versteckte Barockschlösser sind das Vermächtnis der Gegenreformation und des Absolutismus in Ostbayern. Nach dem Sieg über die Türken bei Wien ging ein Aufatmen durchs Land, das Volk pries die Allmacht Gottes und machte sich an den Wiederaufbau. Für ihre Kirchen und Residenzen war den Bischöfen der barocke Überschwang gerade gut genug.

Die Tour führt über die Klöster ****Metten** › S. 106 und ***Niederaltaich** › S. 108 zu den Kirchen von ***Altenmarkt** › S. 109 und ***Aldersbach** › S. 109, beides bedeutende Zeugnisse der Kunst der Brüder Asam. Beeindruckende Votivtafeln gibt es an den hölzer-

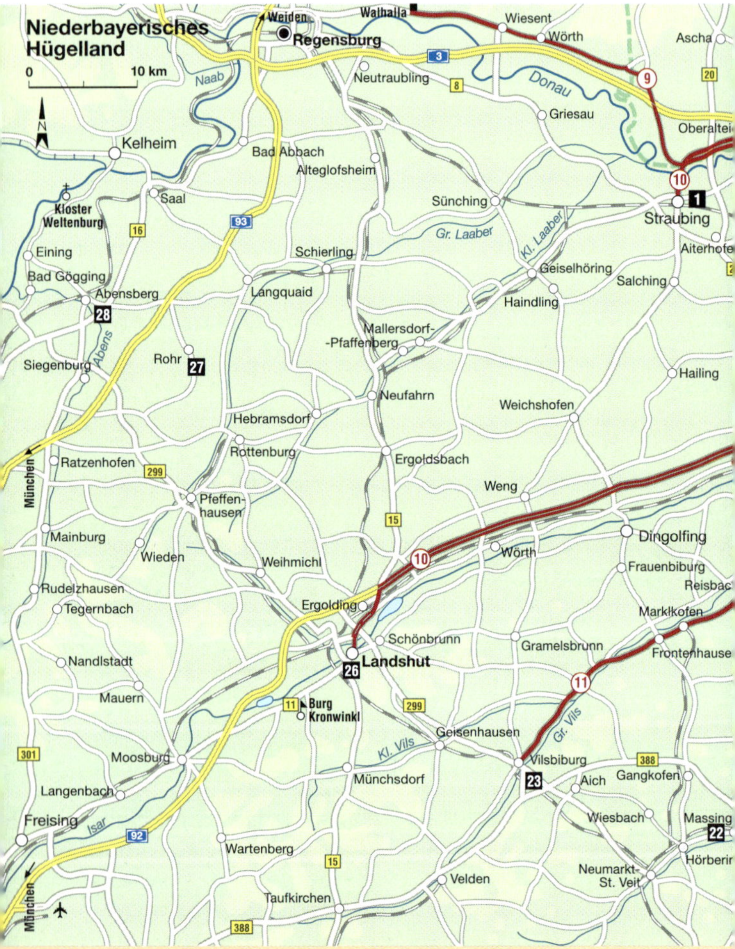

(9) Kunstschätze längs der Donau **Grattersdorf › Deggendorf › Metten › Windberg › Bogen › Oberalteich › Wiesent › Walhalla**

(10) Mittelalter und Bauernstolz **Straubing › Bogen › Deggendorf › Plattling/Isarmündung › Landau › Landshut**

 Karte Seite 98

nen Wänden der Wallfahrtskirche St. Maria in **Sammarei** › S. 110 zu bewundern. Einen Kontrapunkt setzt dann das protestantische ***Ortenburg** › S. 111 mit seinen Renaissanceschloss, bevor man im »Dom des Rottals« in ***Fürstenzell** › S. 111 und im Kulturzentrum in **Kloster Asbach** › S. 112 wieder bewundern kann,

(11) **Fahrradtour an der Vils** Vilsbiburg › Marklkofen › Reisbach › Eichendorf

(12) **Niederbayerischer Klosterwinkel** Metten › Niederalteich › Osterhofen-Altenmarkt › Aldersbach › Sammarei › Ortenburg › Fürstenzell › Neuburg a. Inn › Asbach

wie die Künstler des Barock vor rund 250 Jahren mit Gips, Farben und Blattgold die Ideen ihrer meist klerikalen Auftraggeber in prachtvolle Stuckaturen, Deckengemälde und Altäre umsetzten.

Verkehrsmittel

Zum privaten Fahrzeug gibt es kaum Alternativen, wenn man die ländlichen Reize Niederbayerns erkunden will. Lediglich die Städte Straubing, Landshut, Dingolfing, Landau und Plattling sowie das Bäderdreieck sind mit der Bahn problemlos zu erreichen.

Wichtige Adressen

- **Tourismusverband Ostbayern e.V.**
Luitpoldstr. 20
93047 Regensburg
Tel. 09 41/58 53 90 und 08 00/1 21 21 11 (kostenfreies Info-Telefon), www.ostbayern-tourismus.de
- **Bayerisches Thermenland**
Rathausstr. 8
94072 Bad Füssing
Tel. 0 85 31/97 55 95, www.bayerisches-thermenland.de

Unterwegs in der Region

*Straubing 1

Vor zwei Jahrtausenden hatten keltische Siedler an einem sumpfigen Altwasser der Donau einen Ringwall um ihr Dorf Sorviodurum gebaut, auf dessen Ruinen um 15 v. Chr. römische Legionäre ein Kastell anlegten. 500 bis 1000 Mann waren dort, in Strupinga, zum Schutz der ostraetischen Donaugrenze stationiert – und etwa 1600 Jahre später bescherten sie den Straubingern ihr kostbarstes Stück antiker Stadtgeschichte: den Römerschatz. Als regional bedeutender Marktplatz taucht die »Neustadt« erst wieder im 13. Jh. aus dem Dunkel der Geschichte auf. 1218 gründete Herzog Ludwig der Kelheimer, ein Wittelsbacher, das heute noch sehenswerte mittelalterliche Zentrum.

Als ländliches Zentrum mit Sinn für Tradition und Trends ist Straubing heute (44 600 Einw.) nicht nur für die Bauern im weiten hügeligen Umland die Gäubodenmetropole. Von Weitem schon sieht man die charakteristische Silhouette mit dem schlanken Turm der **Karmelitenkirche,** der Zwiebelspitze der Basilika **St. Jakob,** dem 68 m hohen **Stadtturm** und dem gelben **Wasserturm,** alle vier Stein gewordene Beweise für die Beharrlichkeit und Finanzkraft der Städter, die seit rund 500 Jahren von der Gewinnspanne zwischen regionalem Angebot und internationaler Nachfrage leben: Hopfen und

Karte Seite 101

Weizen, Rinder, Getreide und Salz werden heute noch gehandelt, mehr Umsatz macht man jedoch mit Hi-Fi- und Autozubehör.

Die alte Parkanlage Lerchenhaid im Norden der Stadt, heute der **Tiergarten,** besiedeln seltene Haustierrassen wie das Wollschwein oder das Pustertaler Rind gemeinsam mit Bärenmakakken, Lamas und Löwen. Ein Steinzeithaus, ein Donau-Aquarium und ein Abenteuerspielplatz gehören dazu (April–Nov. tgl. 8.30–19 Uhr, sonst 9–17 Uhr).

Stadtplatz

Straubings Herzstück ist der zigarrenförmig angelegte weite Stadtplatz mit seiner interessanten Fassadenmischung aus Barock, Klassizismus, Historismus und Jugendstil.

Eingerahmt von prächtigen Bürgerhäusern, Ladenpassagen, Gemüseständen und Straßencafés steht dort der prägnante ***Stadtturm** Ⓐ, das Wahrzeichen der Stadt seit 1385. Die auffallende Spitze mit vier Ecktürmchen und einem Mittelturm samt Wetterhahn auf 68 m Höhe haben ihm jedoch erst Baumeister des späten 16. Jhs. aufgesetzt. Von der ehemaligen Türmerwohnung hat man einen schönen Blick auf die mittelalterliche Stadtanlage und das rostrote **Rathaus** mit der gotischen Fassade. Die **Dreifaltigkeitssäule** auf dem Theresienplatz wurde 1709 nach einem Gelübde der Bürger errichtet.

Ⓐ Stadtturm
Ⓑ Basilika St. Jakob
Ⓒ Gäubodenmuseum
Ⓓ Karmelitenkirche
Ⓔ Herzogschloss
Ⓕ Ursulinenkirche
Ⓖ St. Peter

Markt vor dem Straubinger Stadtturm

Café

Echt gut! Im **Café Krönner** können sich Feinschmecker ein Stück Agnes-Bernauer-Torte auf der Zunge zergehen lassen. Das Rezept für die unwiderstehlich süße Kalorienbombe aus Mandel-Nuss-Baiser-Böden, gefüllt mit Moccabuttercreme, ist ein streng gehütetes Geheimnis (**Theresienplatz 22**).

**Basilika St. Jakob B

Die kurze Jakobsgasse führt direkt auf einen Koloss aus braunrotem Backstein zu: Die Basilika St. Jakob ist wie die Karmelitenkirche ein Werk des Baumeisters Hans von Burghausen. Die Arbeiten an der dreischiffigen Hallenkirche dauerten fast 200 Jahre; als Meister Hans im Jahr 1432 starb, war erst der Chorraum vollendet. Seit dem frühen 17. Jh. umrahmen 20 Kapellen die Kirche. Im holzgeschnitzten Chor steht ein großer **Flügelaltar** von Michael Wolgemut, dem Lehrmeister von Albrecht Dürer. Die **Rokokokanzel** von 1752 ist ein Werk des Münchner Hofbildhauers Wenzel Myrowsky; der **Rokokoaltar** in der Tod-Marien-Kapelle stammt von den Asam-Brüdern. Heute noch ist die Basilika im Herzen der Stadt Ausdruck für Selbstbewusstsein und Zusammenhalt der Bürgerschaft während der Blütezeit im Mittelalter.

*Gäubodenmuseum C

In drei alten Patrizierhäusern hat man archäologische Preziosen untergebracht. Der Tatsache, dass die Römerlager an der Donau immer wieder von Germanenstämmen überfallen wurden, und der Vergesslichkeit einiger raffgieriger Alemannen aus dem 3. Jh. n. Chr. verdankt die Stadt ihr kostbarstes Ausstellungsstück, den **Römerschatz.** Zufällig entdeckten im Oktober 1950 Arbeiter beim Bau einer Kläranlage einen Bronzekessel, den einst alemannische Plünderer versteckt hatten. Zum Erstaunen der Fachwelt und zur Freude der Straubinger holten Archäologen ungewöhnlich gut erhaltene Teile römischer Parade-uniformen aus dem Kessel, dazu Statuetten sowie rund um den Fundort eine Menge eiserner Waffen und Werkzeuge. Nirgendwo sonst im ehemaligen Imperium Romanum hat man ähnlich wertvolle Stücke gefunden. Vor allem die mit Reliefs verzierten Kopfschutzplatten für Pferde und die sieben **Gesichtsmasken** beeindrucken nachhaltig (Fraunhoferstr. 9, Tel. 0 94 21/97 41-10, www.gaeubodenmuseum.de; Di bis So 10–16 Uhr).

*Karmelitenkirche D

Durch die Zollergasse erreicht man schnell die Karmelitenkirche, das erste Werk des Meisters Hans von Burghausen in Straubing. Die dreischiffige Hallenkirche gehört zum 1367 gegründeten Karmelitenkloster und war die Grabkirche für Adel und Bürgerschaft. Um 1700 stand der Baumeister Wolfgang Dientzenhofer vor dem Problem, eine imposante gotische Hallenkirche in ein barockes Gesamtkunstwerk zu verwandeln, wie es der Geist der Gegenreformation verlangte. Seither steht der Hauptaltar mitten im Chor, die Fenster sind verkürzt und die Säulen mit dekorativem Stuck verziert. An der linken Seite des Altarraums ist das aus Salzburger Marmor bestehende **Hochgrab** Herzog Albrechts des Jüngeren zu sehen; auch die Bürgerstochter **Agnes Bernauer** (› S. 105) ist hier bestattet.

*Herzogschloss E

Durch einen Torbogen betritt man das ehemalige Herzogschloss der Wittelsbacher an der Donau. Auf Geheiß von Herzog Albrecht I. von Straubing-Holland wurde es ab 1356 erbaut und später mehrfach erweitert. Im Westtrakt der Anlage kann man die **Schlosskapelle St. Sigismund** besichtigen, im Nordflügel, dem eigentlichen Fürstenbau, befindet sich der große Festsaal, der Rittersaal. Auf dem Areal des Herzogschlosses werden die Agnes-Bernauer-Festspiele aufgeführt, und auch der Straubinger Töpfer- und Kunsthandwerkermarkt findet in der mittelalterlichen Kulisse des Schlosses seinen schönen Rahmen (Schlossplatz 2b).

*Ursulinenkirche F

Hinter einer schmalen Fassade in der Burggasse verbirgt sich die Ursulinenkirche. Ab 1736 erbaut, ist sie das letzte gemeinsame Werk

Innenraum der Karmelitenkirche

Farbenfroher Erker am Hotel Seethaler im Zentrum von Straubing

der kongenialen Brüder Cosmas Damian und Egid Quirin Asam (› S. 38) und gilt wegen ihrer einzigartigen Harmonie von Architektur, Skulptur und Malerei als bedeutendstes Zeugnis des Spätbarock in Ostbayern.

**St. Peter G

Wer die Sühnekapelle für die »Bernauerin« auf dem Friedhof von St. Peter besuchen will, hat einen knapp einstündigen Spaziergang donauabwärts vor sich. Schon von Weitem sieht man die beiden Türme der romanischen Basilika St. Peter, die um 1180 vom Augsburger Domkapitel erbaut wurde. Eine romanische Christusfigur am Hochaltar und eine Pietà (um 1340) im nördlichen Seitenschiff sind wertvolle Einzelstücke in der ansonsten schlichten Kirche.

Der angrenzende Friedhof mit alten schmiedeeisernen Kreuzen und verwitterten Grabsteinen steht unter Denkmalschutz. Dort findet man in der **Agnes-Bernauer-Kapelle** eine Grabplatte aus rotem Marmor (um 1200). Sehenswert sind auch die gotischen Totentanzfresken (1763) von Felix Hölzl in der **Totentanzkapelle** an der Friedhofsmauer.

Info

■ **Amt für Tourismus**
Theresienplatz 20
94315 Straubing
Tel. 0 94 21/9 44-3 07
www.straubing.de
Verschiedene Stadtführungen (Einzelheiten siehe Webseite der Stadt); Gruppen mit Anmeldung mindestens 10 Tage vorher.

Hotels

■ **Theresientor**
Theresienplatz 41
Tel. 0 94 21/8 49-0
www.hotel-theresientor.de.
Moderne Architektur im Stadtzentrum, mit Originalgemälden dekoriert, behindertenfreundlich. ●●

■ **Villa**
Bahnhofplatz 2
Tel. 0 94 21/9 63 67-0
www.hotelvilla-straubing.de
Kleines, verspieltes Quartier mit individuell gestalteten Zimmern, schönem Garten und gepflegter Küche. ●●

Restaurants

- **Gasthof Zum Geiss**
Theresienplatz 40
Tel. 0 94 21/96 39 22
Im edel-bayerischen Wirtshaus mit dem gemütlichem Biergarten genossen schon Staatsoberhäupter die feinen Schmankerl mit Tradition. ●●

- **Landgasthof Reisinger**
Sossauer Platz 1 (neben der Sossauer Kirche)
Tel. 0 94 21/1 06 58
Eine gute Adresse für die Freunde deftiger Küche wie Schweinshaxn, Sauerkraut und Kartoffelknödeln.
Mo Ruhetag. ●●

Feste und Nightlife

- Das Straubinger Nachtleben lässt keine Wünsche offen. Halb Niederbayern drängt sich in den Bistros, Discos und Gasthäusern rund um den Stadtplatz. Trendbewusste treffen sich im Glaskäfig der **Gala Café-Bar** (**Stadtgraben 45**) und nach Mitternacht in der **Diskothek Max** (**Hebbelstraße 14**).
- Ein fester Termin für trinkfeste Traditionalisten und Gaudiburschen ist das **Gäubodenfest,** zweitgrößtes Volksfest in Bayern, das ab dem zweiten Freitag im August zehn Tage lang stattfindet (www.gaeubodenvolksfest.de).

Bogen 2

Am linken Donauufer erhebt sich auf dem 432 m hohen ***Bogenberg,** im Mittelalter Residenz der Grafen von Bogen, eine spätgotische Wallfahrtskirche. Die Pilgerfahrt zu Unserer Lieben Frau vom Bogenberg geht auf das 12. Jh. zurück; das Gnadenbild, eine Sandsteinfigur der Maria in der Hoffnung am Aufgang zum Chor stammt aus der Zeit um 1400. Am Pfingstsonntag ist der Bogenberg das Ziel einer zweitägigen, schweißtreibenden Pilgerreise von Männern aus dem Dorf Hofkirchen bei Vilshofen. Diese tragen eine 13 m lange, mit rotem Wachs umhüllte und 50 kg schwere Holzstange zunächst 75 km weit hierher und schließlich auch noch aufrecht auf den Berg hinauf, wie es ihre Ahnen im Jahr 1492 gelobt hatten. Damals hatte der Borkenkäfer in den Wäldern gewütet – und die Muttergottes hatte geholfen (› S. 119).

Die Bernauerin

Traurige Berühmtheit erlangten die Herzöge von Straubing durch das Schicksal der schönen Agnes Bernauer. Alle vier Jahre (erneut 2011) erinnern die Vorführungen der ambitionierten Laienspielgruppe des Festspielvereins an das Jahr 1435. Statthalter Herzog Albrecht der Jüngere hatte damals heimlich die Baderstochter Agnes Bernauer aus Augsburg geheiratet und lebte mit ihr im Schloss an der Donau. Dem machtgierigen Vater Albrechts, Herzog Ernst von München, war die Erbfolge seines Geschlechts jedoch wichtiger als die Liebe seines Sohnes, deshalb verurteilte er die schöne Bürgerstochter als Zauberin und ließ sie am 12. Oktober 1435 in der Donau ertränken. Von seiner Reue zeugt eine Sühnekapelle (› S. 104), die Herzog Ernst dann 1436 errichtete.

Die Bibliothek von Kloster Metten

**Benediktinerabtei Metten 3

Die Benediktinerabtei Metten, eines der bayerischen Urklöster, beherrscht in heiterem Gelb-Weiß den Ort am Ausgang des Perlbachtals. Um das Jahr 766 soll sie der selige Gamelbert aus Michaelsbuch gegründet haben, Karl der Große, König Ludwig I. und viele andere Regenten förderten das Kloster. Über 1200 Jahre – unterbrochen nur von den Ungarn-Einfällen sowie von der Säkularisation – gilt nun in den Mauern der Abtei die Regel »Ora et labora« (»Bete und arbeite«) des hl. Benedikt.

Im Mettener **Festsaal** schauen allegorische Darstellungen der Erdteile auf die Besucher von klassischen Konzerten, in der weltberühmten ***Klosterbibliothek** (Führung tgl. 10 und 15 Uhr), wo Atlanten seit 1718 das prächtig geschmückte Gewölbe tragen, stehen rund 160 000 wertvolle Bücher in kunstvoll verzierten Nischen und Schränken. Die ***Klosterkirche St. Michael** schließlich ist ein überwältigendes Zeugnis führender Barockkünstler, die um 1720 Kirchen in Altbayern bauten, ausstatteten und verzierten: Das Altarblatt für den Hochaltar, »St. Michael stürzt Luzifer«, malte Cosmas Damian Asam, Meister Andreas Heindl aus Wels schuf die Fresken im Langhaus und in der Vorhalle, Franz Josef Holzinger war für Stuckarbeiten und Bibliothek zuständig, von Christian Wink stammt der »Tod des hl. Benedikt« auf dem rechten Seitenaltar.

Deggendorf 4

Einer weiteren Größe im Kirchenbau begegnet man 5 km donauabwärts, in Deggendorf (31 400 Einw.), dem Tor und Einkaufszentrum des Vorderen Bayerischen Waldes. Dort erhebt sich am Südende des im historisierenden Stil umbauten **Stadtplatzes** ein barocker Zwiebelturm von Johann Michael Fischer über der **Heilig-Grab-Kirche St. Peter und Paul,** die um 1337 an der Stelle einer Synagoge errichtet wurde. Im **Kulturviertel** am Östlichen Stadtgraben überraschen das Stadt- sowie das Handwerksmuseum mit originellen Schauen und einzigartigen Zeitzeugnissen wie der Sell'schen Biedermeier-Apotheke (Di–So 10–16 Uhr).

■ **Tourist-Information Deggendorf**
Oberer Stadtplatz, 94469 Deggendorf
Tel. 09 91/29 60-5 35
www.deggendorf.de

Hotels

Gasthof Höttl
Luitpoldplatz 22
94469 Deggendorf
Tel. 09 91/3 71 99 60
www.hoettl.de
Das Haus vereint historisches Ambiente und mediterranen Stil in der Stadtmitte, 34 Zimmer. ●●

■ **Schlosshotel Egg**
94505 Bernried (7 km v. Deggendorf)
Tel. 0 99 05/13 61
Wo ab 1103 Raubritter residierten, sprechen nun sieben Appartements, ein schöner Garten, festlich gedeckte Tische im Burgstall und eine anspruchsvoll veredelte Regionalküche für den kurzen Abstecher in den Vorderen Bayerischen Wald. ●●

Burg Egg wurde im 19. Jh. gotisiert

Restaurant

■ **Reiterstuben Hutter**
Altholz 6
94469 Deggendorf
Tel. 09 91/73 20
Versteckt gelegenes Gasthaus mit kreativer Regionalküche. ●●

Die Deggendorfer »Gnad«

Einen Tag vor Michaeli, am 29. September 1338, ermordeten Deggendorfer Bürger alle Juden in der Stadt, plünderten deren Besitz und lösten weitere Pogrome in 33 bayerischen Städten aus. Der Grund für dieses Verbrechen waren hohe Schulden, die traditionell am Festtag des hl. Michael den Geldverleihern hätten zurückbezahlt werden müssen. Als Rechtfertigung für die Morde bildete sich die Legende von der Hostienschändung, wonach jüdische Bürger im Jahr 1337 Hostien stehlen ließen und diese zerstören wollten, was ihnen aber nicht gelang. Zu diesen angeblich wundertätigen Mirakelhostien pilgerten seit dem 15. Jh. jedes Jahr Zehntausende von Gläubigen; im 17. Jh. machten die Händler der Stadt in nur fünf »Gnad«-Tagen mehr Umsatz als im ganzen restlichen Jahr. Frühe Kritiker, die auf Widersprüche in der Geschichte vom Hostienfrevel verwiesen, wurden als Ketzer denunziert; erst in den 1980er-Jahren widerlegte eine Doktorarbeit die seit Jahrhunderten überlieferte Legende, 1991 endlich schaffte der Regensburger Bischof die »Deggendorfer Gnad« als eucharistische Wallfahrt ab.

Die Basilika St. Mauritius des Klosters Niederaltaich

Ausflug in die Isarauen 5

Naturfreunde können bei Deggendorf mit der Fahrradfähre über den Fluss setzen und in den Auwäldern der ***Isarmündung** bei Plattling eine Rast einlegen. Mit etwas Glück und Geduld erspäht man Blaukehlchen, Wasserrallen oder scheue Watvögel. Das Echt gut! **urwüchsige Flussdelta** ist ein seltenes Biotop für noch seltenere Vogelarten. Allerdings, so warnen Naturschützer, ist die Fürsorge für die Auwälder vergebens, wenn erst die Donau im Zuge des Ausbaus gestaut wird (Infohaus bei Moos › S. 81).

*Kloster Niederaltaich 6

Die Türme der **Basilika St. Mauritius** weisen den Weg zur Benediktinerabtei Niederaltaich. 731 gegründet und wie Metten von Mönchen aus Reichenau im Bodensee erstmals aufgebaut, war es im Mittelalter ein bedeutendes Missionskloster. Vor knapp 1000 Jahren machte sich von hier aus der Mönch Gunther auf den Weg in den dunklen Urwald, um als Einsiedler zu leben. Mit einigen Laienbrüdern aus Niederaltaich gründete er das Rodungskloster **Rinchnach** und legte einen Handelsweg an, dem heute der 75 km lange **St.-Gunther-Steig** folgt (bis Gutwasser/Dobrá Voda, seiner letzten Ruhestätte in Böhmen). In der Sakristei der Abteikirche künden kunstvoll geschnitzte Schränke vom vergangenen Glanz (Kirchenführungen nach Voranmeldung, Tel. 09 91/20 81 78).

Info

Männer können bei den Benediktinern am **Kloster auf Zeit** teilnehmen. Ökumenisches Institut der Abtei, Mauritiushof 1, 94557 Niederalteich, www.abtei-niederaltaich.de

7 Pilgerweg Via Nova

Wenn Schritt für Schritt die Sorgen des Alltags weniger drückend werden, obwohl die Waden schmerzen, dann ist man unterwegs auf dem Europäischen Pilgerweg, der Via Nova. Auf 280 km führt er in fünf Etappen von **Kloster Metten** › S. 106 durch Niederbayern und Oberösterreich bis **St. Wolfgang** im Salzkammergut. Nicht nur religiöse oder spirituelle Motive bewegen die Pilger der

Gegenwart auf ihrem »neuen Weg«, der auch zahllose Wallfahrtskirchen streift, sondern vor allem die Sehnsucht nach Ruhe und Freiheit in erholsamer Form. Auskunft: **Kath. Landvolkshochschule St. Gunther,** Hengersbergerstr. 10, 94557 Niederalteich, Tel. 0 99 01/9 35 20, www.pilgerweg-vianova.eu.

*Osterhofen-Altenmarkt 7

Von außen unscheinbar wirkt die **Pfarrkirche St. Margaretha** in Osterhofen-Altenmarkt. Doch überrascht der lichtdurchflutete Innenraum mit erhabenem Prunk. Entworfen wurde die Prämonstratenserkirche von Baumeister Johann Michael Fischer, zwischen 1728 und 1741 gestalteten die Brüder Asam sie aus: Cosmas Damian schuf die farbigen Fresken und die Altarblätter, Egid Quirin modellierte Ranken, Engel, Wolken und Blattkapitelle aus Gips. Cosmas Damian hat sich in einem Selbstbildnis verewigt: Es ist der leicht gebeugte Zöllner unter der Westempore.

*Aldersbach 8

Berauscht von dem künstlerischen Gotteslob der Brüder Asam reist man durch die wellige Landschaft hinüber ins schöne Vilstal, nach Aldersbach zur rosa-weißen Pfarrkirche ****Mariä Himmelfahrt** des ehemaligen Zisterzienserklosters, ein weiteres, überwältigendes, von Blattgold strotzendes Gesamtkunstwerk des späten Ba-

Cosmas Damian Asam schuf die Deckenfresken von Aldersbach

rock. Die Gestaltung der Kirche war der erste gemeinsame Auftrag der kunstfertigen Asam-Brüder. Bemerkenswert sind vor allem die von Engeln getragene Orgelempore und das Fresko im Langhaus, das die Weihnachtsvision des hl. Bernhard darstellt (um 1729). Für die opulenten Altäre war Josef Maria Götz verantwortlich.

Restaurants

■ **Gasthof Mayerhofer**
Ritter-Tuschl-Str. 2, 94501 Aldersbach
Tel. 0 85 4/96 39-0
www.mayerhofer.org
Steckerlfisch, Spanferkel und deftige Würste aus der hauseigenen Metzgerei sind die Spezialitäten. ●–●●

■ **Aldersbacher Bräustüberl**
In der Brauerei Aldersbach
Tel. 0 85 43/96 04-0
www.aldersbacher.de
Im ehemaligen Auditorium des Augustinerklosters schmeckt das Bier der örtlichen Brauerei besonders süffig, bayerische Brotzeiten mit reichlich Wurst, Rettich und kräftigem Bauernbrot sorgen für eine ordentliche Unterlage. ●

Vilshofen an der Donau

Vilshofen 9

Die »kleine Dreiflüssestadt« an der Mündung von Vils und Wolfach in die Donau lebt ebenso wie Passau mit den Launen des Flusses und kombiniert fast italienisches Flair mit niederbayerischer Behaglichkeit. Am engen Stadtplatz steht als Rest der alten Befestigung ein **Stadtturm** aus der Renaissance, über den farbigen Bürgerhäusern wacht die **Benediktinerabtei Schweiklberg** mit einem kleinen Missionsmuseum.

Der **schwimmende Christkindlmarkt** ist ein lichterfunkelndes Unikat, das in den ersten drei Adventswochen jeweils Do–So nachmittags und abends auf Schiffen, Pontons und an der Uferpromenade stattfindet.

Info

■ **Touristik-Information**
Stadtplatz 27
94474 Vilshofen/Donau
Tel. 0 85 41/2 08-1 12
www.vilshofen.de

Restaurant

■ **Wolferstetter Keller**
Bürg 21, 94474 Vilshofen/Donau
Tel. 0 85 41/17 29
Für SPD-Anhänger quasi Pflicht ist hier die Einkehr, ein Schauplatz des »Politischen Aschermittwochs«. ●●

Sammarei 10

In der bedeutenden **Wallfahrtskirche St. Maria** von Isaak Bader und Ehrgott Bendl (um 1603) beten Gläubige täglich zur Gnadenmutter Maria, auch auf dem **Pilgerweg Via Nova** › S. 108 ist Sammarei eine wichtige Station. Der großartige, golden funkelnde Hochaltar ist ein Werk von Jakob Deutschmann, die Wände sind dicht mit bis zu 400 Jahre alten Votivtafeln behängt. Über dem Altar lümmelt der bekannte »g'schlamperte« Engel von Sammarei: Er trägt am rechten Fuß einen Schuh, am linken einen Strumpf – und zeigt der Welt den Vogel! Unter den Altarflügeln führen Durchgänge in die seit 1521 bekannte hölzerne Gnadenkapelle.

*Ortenburg 11

Aus dieser Stadt gibt es Einmaliges zu berichten: Sie war und ist die einzige protestantische Hochburg im treukatholischen Niederbayern. Und das seit über 400 Jahren, als der mächtige Reichsgraf Joachim von Ortenburg um 1563 in seinem Herrschaftsbereich die Augsburger Konfession einführte. Ab 1567 ließ der Graf an der Stelle der im Landshuter Erbfolgekrieg zerstörten Burg ein **Renaissanceschloss** bauen. Prunkstücke sind die Kassettendecke aus dem späten 16. Jh. und die aufwendigen Schreinerarbeiten in der Schlosskapelle.

Info

- **Tourist-Information Ortenburg**
Marktplatz 11
94496 Ortenburg
Tel. 0 85 42/1 64-21
www.ortenburg.de

*Fürstenzell 12

Die vielgliedrigen Doppeltürme der **Klosterkirche Mariä Himmelfahrt,** bekannt als Dom des Rottals, erinnern an die Deggendorfer Heilig-Grab-Kirche (› S. 106). Schließlich sind auch sie ein Werk von Johann Michael Fischer. Der Bau des Maristenklosters ist bereits im Stil des Rokoko gehalten, reich ausgestattet mit klaren Linien und konzentrierter Pracht. Sehenswert ist auch der **Bibliothekssaal,** für den der Tiroler Joseph Deutschmann imposante Bücherschränke und zwölf Atlanten mit ausdrucksstarken Gesichtern geschaffen hat (Führung tgl. 15 Uhr).

*Neuburg und Vornbach am Inn

Zurück ins Mittelalter führt der Besuch in der Grenzburg über **Neuburg am Inn** 13. Die meisten Räume in den alten Mauern aus dem 12. Jh. wurden jedoch um 1525 im Stil der Frührenaissance umgestaltet. Spätestens in **Vornbach**, einem besonders schön gelegenen Ort am Inn, umfängt die Reisenden in der ehemaligen Abtei- und heutigen **Pfarrkirche** dann wieder barocker Glanz. Vermutlich haben Mettener Mönche ihren Ordensbrüdern am Inn für die Ausstattung die Künstler Innozenz Waranthy und Franz J. Holzinger empfohlen, die ab 1728 hier arbeiteten. 1766 vollendete Holzingers ehemaliger Gehilfe Johann Baptist Modler, der Meister des ostbayerischen Rokoko, die Stuckaturen der Westfront und unter der Empore.

*Schärding 14

Ein kurzer Abstecher ins Nachbarland führt in die österreichische Grenzstadt Schärding mit ihrem beeindruckend schönen Marktplatz, der Silberzeile. Historische Fassaden, bunte Innstadthäuser, lockere Mehlspeisen und jene unvergleichliche österreichische Nonchalance im Umgang mit dem Gast machen den Aufenthalt in der **schönsten Barockstadt des Nachbarlandes** zum reinen Vergnügen. Einige Kilometer weiter dagegen sind die Einwohner von **Braunau** empört über das blanke Hinterteil des in Bronze gegossenen, durchaus knackigen Inngottes Aeneus, das vom bayerischen **Simbach** her in der Sonne herüberglänzt. Wer den feschen Gott und die Innenstadt von Simbach besuchen will, quert also wieder über den Fluss zurück nach Bayern.

Echt gut!

Kloster Asbach 15

Und wieder einmal weist ein auffallender Turm den weiteren Weg. Im Kloster Asbach, ehemals Heimstatt der Benediktiner, sind jetzt der für seine Küche mehrfach ausgezeichnete **Klosterhof St. Benedikt** (Hauptstr. 52, 94094 Asbach, Tel. 0 85 33/2 04-0, mit schönem Biergarten; ●●) sowie ein Kulturzentrum und ein Zweigmuseum des **Bayerischen Nationalmuseums** untergebracht. Zu sehen gibt es u.a. mittelalterliche Bilder, Repliken von alten Skulpturen und niederbayerische Bauernmöbel (Museum Kloster Asbach, 94094 Rotthalmünster, Tel. 0 85 33/23 00; Di–So 11–17 Uhr). Bauherr der Klosterkirche (1787) mit dem flach eingedeckten Turm war François de Cuvilliés; ihre schlichte Eleganz markiert den Übergang vom Rokoko zum Klassizismus.

8 *Bad Griesbach 16

Ein findiger Unternehmer ließ in Bad Griesbach in den 1970er-Jahren erst erfolgreich nach heilsamem Mineralwasser bohren und dann rund um das Bohrloch die perfekte Thermalbadelandschaft aufbauen: Hoch über dem Rottal bieten sieben First-Class-Hotels sowie Sanatorien und Rehabilitationskliniken hinter gemäßigt volkstümlichen Fassaden modernste Gesundheitstechnik und sanfte Therapien gegen Stress. Unter der Hügelkuppe verbinden beheizte Bademantelgänge Hotels, Thermalbecken und Kurmittelhaus, und in alten Bauernhöfen haben sich Gastronomen angesiedelt, die eine gehobene bayerische Küche anbieten: weniger Kalorien, mehr Raffinesse.

Zugegeben, auch die Preise sind mit der Nachfrage gestiegen, doch dafür ist mit dem **Thermal- und Golf-Resort** in Bad Griesbach der Start in eine wirtschaftlich solide Zukunft gelungen. Mit indischem Ayurveda, türkischen Seifenschaummassagen und Rottaler Kräuterdampfbädern, mit einem großen Golfzentrum und mondänen Geschäften zieht das Kurzentrum jene an, die sich den Luxus von Gesundheit und guter Luft im schicken Ambiente leisten wollen und können.

Info

■ **Kurverwaltung Bad Griesbach**
Stadtplatz 1, 94086 Bad Griesbach
Tel. 0 85 32/7 92 40
www.badgriesbach.de

Hotels

■ **Golf- und Wellness-Hotel Maximilian**
Kurallee 1, 94086 Bad Griesbach
Tel. 0 85 32/7 95-0
www.hartl.de
Die beste Adresse des Golf- und Wellness-Königs Georg Hartl steht für sportlich-luxuriösen Genuss. ●●●

■ **Drei Quellen Therme**
Thermalbadstr. 3–7
94086 Bad Griesbach
Tel. 0 85 32/7 98-0
www.hotel-dreiquellen.de
Detailverliebt eingerichtetes und vielfach ausgezeichnetes Luxushotel mit ländlichem Charme. ●●–●●●

Restaurants

■ **Il Giardino**
im Columbia Hotel
Passauer Str. 39 a
94086 Bad Griesbach
Tel. 0 85 32/30 91 09
Denis Feix, der kulinarische Shootingstar Ostbayerns, würzt internationale Sterneküche mit einer Prise Bodenständigkeit. ●●●

■ **Beim Lebzelter**
Sparkassenstr. 6
94086 Bad Griesbach
Tel. 0 85 32/9 62 20
Café-Restaurant mit leichter bayerischer Küche, Salaten und Fisch sowie leckeren Kuchen und Mehlspeisen. ●●

Echt gut!

Die schönsten Kirchen und Klöster

■ Spektakulär schmiegt sich das **Kloster Weltenburg** mit der schönen Asamkirche in eine Flussschleife des Donaudurchbruchs. › S. 60

■ Gotik in ihrer schönsten Form prägt die **Stiftsbasilika St. Martin in Landshut.** Mit 131 m Höhe ist ihr Turm der höchste Backsteinturm der Welt. › S. 122

■ **Mariä Himmelfahrt in Aldersbach** war das erste gemeinsame Werk der Brüder Cosmas Damian und Egid Quirin Asam, die mit Stuck, Blattgold und Fresken spätbarocke Kirchen voll überschwänglicher Pracht schufen. › S. 109

■ Weithin sichtbar weisen die gelben Zwiebeltürme auf die **Benediktinerabtei St. Michael in Metten** hin. Die Klosterbibliothek enthält Folianten und Bücher von großem Wert. › S. 106

■ Der **Passauer Dom** ist die größte Barockkirche Deutschlands und ein deutlicher Hinweis auf die klerikale Macht der Fürstbischöfe. › S. 71

■ Die **Kappel bei Waldsassen** ist mit ihrem kleeblattförmigen Grundriss und den schlanken Türmen ein sakrales Märchenschloss. › S. 132

Special

Ostbayerische Jungbrunnen

Bayerisches Thermenland

Als Inbegriff für erholsame Qualität in ländlicher Umgebung haben sich die fünf niederbayerischen Kur- und Badeorte einen Namen gemacht. Im Bayerischen Thermenland verwöhnen sie ihre Gäste mit warmem Heilwasser und reiner Landluft in bodenständig-gastlichem Ambiente.

In **Bad Birnbach** (www.badbirnbach.de) ergänzt Ziegenbuttercreme die belebende Rasulbehandlung, **Bad Griesbach** (www.badgriesbach.de) trumpft mit einem Hamam, Shiatsu-Massagen und Tai Chi-Lektionen direkt am größten Golf-Resort Europas auf, **Bad Füssing** (www.bad-fuessing.de) kann sich Deutschlands größter Thermenlandschaft rühmen und bietet von Ayurveda bis zum Prophylaxezentrum alles, was der Gesundheit dient. **Bad Gögging** (www.

bad-goegging.de) setzt auf die Tradition der römischen Thermen, kombiniert mit der beruhigenden Wirkung des Hopfens aus der Hallertau, in **Bad Abbach** (www.bad-abbach.de) wird neben klassischen Methoden auch Ayurveda angewandt.

■ Zentrale Information:
Bayerisches Thermenland
Rathausstr. 8, 94072 Bad Füssing
Tel. 0 85 31/97 55 95
www.bayerisches-thermenland.de.

Vital im Sibyllenbad

Als neues Gesundheitsziel im Oberpfälzer Stiftland hat sich in kürzester Zeit das Sibyllenbad in Neualbenreuth › S. 133 etabliert. Vor allem bei Herz- und Kreislaufbeschwerden sowie bei Gelenkerkrankungen bringt die Therapie mit Radon- und Kohlensäureheilwasser häufig Erfolg, kombiniert mit einem ausgefeilten Bewegungs- und Ernährungsprogramm.

Wellness-Hotels

Spitzenreiter: Mit seinen vielfältigen Wohlfühl-Angeboten vom Bio-Freibad über den orientalischen Massagetempel bis zur Solegrotte zählt der **Angerhof** in St. Englmar zu den besten Wellness-Hotels Europas. Ein Wochenende reicht hier sicher nicht für das komplette Verwöhnprogramm!

Gesund und günstig: Hinter der schlichten Fassade des **Falkenhofs** in Bad Füssing verbirgt sich – so urteilt auch die Stiftung Warentest – eine ausgezeichnete Adresse für preisbewusste und doch anspruchsvolle Wellness-Urlauber: Das ausgefeilte Ernährungs- und Entspannungskonzept des Bio-Refugiums mit eigener Therme umfasst u.a. Aromamassagen, eine Chakren-Harmonisierung und Meditationsangebote.

■ Sport- und Wellnesshotel Angerhof
Am Anger 38, 94379 St. Englmar
Tel. 0 99 65/1 86-0
www.angerhof.de.

■ Vitalhotel Falkenhof
Paracelsusstr. 4, 94072 Bad Füssing
Tel. 0 85 31/97 43
www.hotel-falkenhof.de.

Qualitätssiegel

Mit dem Label **wellvital** zeichnet die Bayern Tourismus Marketing Unterkünfte und Einrichtungen aus, die ihr Wellness-Angebot mit bayerischem Flair, zusätzlichen Aktivitäten und ernährungsbewusster regionaler Küche kombinieren (www.wellvital.by).

*Bad Birnbach 17

Ländlicher Charme umfängt den Gast im jüngsten niederbayerischen Kurort. 1987 wurde Birnbach zum Bad« Seitdem haben in den alten Bauernhäusern Badeärzte und Sportphysiotherapeuten ihr Quartier, und der Platz um die Kirche ist heute eine verkehrsberuhigte Flaniermeile, auf dem Bellavista-Golfpark trifft man sich zum geselligen Einputten. Die Hauptattraktion für die jährlich weit über 70 000 Besucher der **Rottal Terme** ist das Vitarium, eine luxuriöse Wohlfühllandschaft mit Großsauna, Schönheitsbädern und esoterisch angehauchten Therapieformen. Sogar Nacktbaden ist erlaubt.

Info

■ Kurverwaltung Bad Birnbach
Neuer Marktplatz 1
84364 Bad Birnbach
Tel. 0 85 63/96 30 40
www.badbirnbach.de

Wellness in Bad Füssing

Hotels

■ Hofgut Hafnerleiten
Brunndobl 16
84364 Bad Birnbach
Tel. 0 85 63/9 15 11
www.hofgut.info
Sieben originell gestaltete Themenhäuser, eine Kochschule, Barista-Seminare, Events und Menschen, die ihre Träume leben, haben das Hofgut überregional bekannt gemacht. ●●–●●●

■ Kur-Gutshof Arterhof
Hauptstr. 3, Lengham
84364 Bad Birnbach
Tel. 0 85 63/96 13-0
www.arterhof.de
Rundum gemütliches, familienfreundliches Wellness-Quartier mit eigenem Badeteich und regionaler Schmankerlküche. ●●

■ Landhotel Theresienhof
Breindoblweg 5
84364 Bad Birnbach
Tel. 0 85 63/96 32-0
www.landhotel-theresienhof.de
Kinderfreundliches Haus mit ländlichem Charme und abwechslungsreicher Küche. ●●

Ausflug nach Kößlarn 18

Nach Süden führt die Strecke von Bad Birnbach aus dem Tal der Rott heraus. Auf dem Weg liegt zwischen Waldflecken und Hügelwellen die einzige vollständig erhaltene ****Wehrkirche** Süddeutschlands (1468–1478). Von der über 500 Jahre alten Tradition des Dorfes als Wallfahrtsort zeugen sieben wertvolle Tafelaltäre, gotische Malereien an der Decke

Karte Seite 98

und ein kunstvolles Sakramentshäuschen. Den Votivraum der Kirche schmückt die Silbermadonna von Balthasar Waltensperger aus Passau (um 1488).

*Bad Füssing 19

Große Apartmenthäuser und gut gelaunte Spaziergänger prägen den ersten Eindruck von Bad Füssing, dem ältesten und größten Heilbad in Niederbayern. Mit drei Thermenzentren, 80 Becken mit 11 000 m² Heilwasserfläche, 450 Unterkünften, mit fünf großen Kliniken und der für renommierte Kurorte typischen Infrastruktur von Kurpark, Cafés, Ausflugslokalen und Tanzbars ist dort fast alles geboten, was der Mensch zum Wohlfühlen braucht. Und neben dem Angebot an Thermalwasser und gesunder Luft können die Gäste auch im Saunahof schwitzen oder sich im Strömungskanal treiben lassen.

Die drei großen Thermen Bad Füssings sind: **Therme I** (Kurallee 1, Tel. 0 85 31/94 46-0, www.therme1.de), **Europa Therme** (Kurallee 23, Tel. 0 85 31/94 47-0, www.europatherme-badfuessing.de) und **Johannesbad Therme** (Johannesstr. 2, Tel. 0 85 31/23-0, www.johannesbad.de). Eine Verbundkarte für 80 € erhält man bei der Kurverwaltung.

Info

■ **Kurverwaltung Bad Füssing**
Rathausstr. 8, 94072 Bad Füssing
Tel. 0 85 31/97 55 80
www.bad-fuessing.de

Hotels

■ **Kurhotel Sonnenhof**
Schillerstr. 4
94072 Bad Füssing
Tel. 0 85 31/22 64-0
www.kurhotelsonnenhof.de.
Rundum erneuertes etabliertes Wohlfühlquartier mit großem Wellness-Angebot und Kurzentrum. ●●●

■ **Vitalhotel Falkenhof**
Paracelsusstr. 4
94072 Bad Füssing
Tel. 0 85 31/97 43
www.hotel-falkenhof.de
Eine ausgezeichnete Adresse für preisbewusste und dennoch anspruchsvolle Wellness-Urlauber (› S. 115). ●●●

■ **Hotel Holzapfel**
Thermalbadstr. 5
94072 Bad Füssing
Tel. 0 85 31/95 70
www.hotel-holzapfel.de
Vom Feinsten sind Service, Zimmer, Speisekarte, Gesundheitsbereich und das Ambiente im familiengeführten Vier-Sterne-Hotel, das ab Sommer 2009 auch eine Fünf-Sterne-Dependance anbietet. ●●–●●●

Restaurants

■ **Haslinger Hof**
Ed 1
94148 Kirchham
Tel. 0 85 31/29 50
www.haslinger-hof.de
Riesige, zünftige Bauernwirtschaft. ●●

■ **Bräustüberl Stift Reichersberg**
A-4981 Reichersberg am Inn
Tel. 00 43-77 58-23 24
www.stift-reichersberg.at
Hier isst man gut und herzhaft. Speisen des Innviertels werden ebenso kredenzt wie Kaffee und Kuchen. Sehr schöner Gastgarten. ●●

9 *Europareservat Unterer Inn 20

Echt gut! Der Wechsel vom einbetonierten Gebirgsfluss zum **urwüchsigen Altwasser-Dschungel** ist radikal: Im Schutzgebiet des Europareservats bei Ering finden nicht nur seltene Wat- und Wasservögel paradiesische Zustände vor, sondern auch die menschlichen Zaungäste, die sich von den Ornithologen und Biologen des Informationszentrums in die Wildnis entführen lassen (Tel. 0 85 73/13 60, www.europareservat.de; › S. 81).

Pfarrkirchen 21

Über der Kreisstadt Pfarrkirchen prunkt die sattgelbe **Wallfahrtskirche zur Schmerzhaften Mutter** auf dem Gartlberg, ein Werk des Baumeisters Domenico Zuccalli (ab 1661). Und weil die Baustelle nicht allzu weit vom Passauer Dom entfernt war, kümmerten sich Giovanni Battista Carlone und seine Mitarbeiter um die Stuckaturen. Auf dem **Stadtplatz,** umgeben von bunten Innstadthäusern, erinnert das moderne Bronzepferd von Hans Wimmer an die Bedeutung der Pferdezucht für die Landwirtschaft.

Info

- **Tourismusinformation Rottal-Inn**

Ringstr. 4–7
84347 Pfarrkirchen
Tel. 0 85 61/2 02 68
www.rottal-inn.de

*Freilichtmuseum Massing 22

Dicht an dicht stehen sechs original rekonstruierte Bauernhöfe aus der Region mit unterschiedlichen Baustilen und Wirtschaftsformen den Besuchern offen. Eine Vielzahl von bäuerlichen Alltagsgegenständen macht das frühere Landleben anschaulich, dazu kommen unterhaltsame Handwerksvorführungen und Brauchtumsveranstaltungen (Steinbüchl 5, 84323 Massing, Tel. 0 87 24/96 03-0, www.freilichtmuseum.de; Mai–Sept. Di–So 9–18 Uhr, März, April, Okt. Di–So 9–17 Uhr).

Vilsbiburg 23

Der gemütliche Marktplatz mit den farbigen Innstadthäusern und das **Heimatmuseum** im ehemaligen Heilig-Geist-Spital, in dem eine Abteilung der volkstümlichen Keramik Kröninger Hafnerei gewidmet ist (Am Stadtplatz 39, 84137 Vilsbiburg Tel. 0 87 41/38 21; Mi 14–16 Uhr, So 10–11.30 Uhr), verlocken zu einem Stopp in Vilsbiburg. Hier startet auch der gemütliche Vilstalradweg (› S. 97).

Reisbach mit Bayern-Park 24

Der typische niederbayerische Marktflecken mit der zierlichen Wallfahrtskirche **St. Martin** und der im Kern romanischen Pfarrkirche **St. Michael** an den beiden Flanken des Straßenmarkts profitiert vom nahen Vilsstausee und dem bei Familien beliebten Vergnügungsgelände **Bayern-Park** (94419 Reisbach, Infotel. 0 87 34/ 8 17, Buchungen für Gruppen unter Tel. 0 87 34/9 29 80, www.bayern-park.de).

Hotel

Gasthof Zum Späth
Dingolfinger Str. 94
94419 Englmannsberg
Tel. 0 87 34/9 21 80
www.gasthaus-spaeth.de
In den denkmalgeschützten Mauern eines stattlichen Bauernhofs aus dem 18. Jh., 5 km nördlich von Reisbach, schläft man unter böhmischem Gewölbe. In der urigen Gaststube treffen sich die Volksmusikanten aus der Region, und aus der Küche kommen regionale Schmankerl. ●

Landau a.d. Isar 25

Auf einem Hügel am Isarhochufer liegt die im 13. Jh. gegründete Herzogstadt, deren Wahrzeichen der barocke Kirchturm von **Mariä Himmelfahrt** ist. Im historischen Herzogschloss Kastenhof in der Oberstadt hat der Freistaat Bayern das **Niederbayerische Archäologiemuseum** eingerichtet, das die vielfältigen Funde aus uralten Siedlungsgebieten präsentiert. Mit einem Mausklick können sich Besucher am Computer in die Steinzeit versetzen (Oberer Stadtplatz 20, Tel. 0 99 51/23 85, www.kastenhof.landau-isar.de; Di bis Fr 10–16 Uhr, Sa, So 10–17 Uhr).

Info

Tourist-Information Landau/Isar
Oberer Stadtplatz 1, 94405 Landau
Tel. 0 99 51/9 41 15
www.landau-isar.de

Maria hat geholfen – Wallfahrten

»Heilige Maria, Mutter Gottes, bitt' für uns.« Schon von Weitem hört man zwischen Altötting und Waldsassen, zwischen Bogenberg und Neukirchen Hl. Blut im Frühjahr die Litaneien der Wallfahrer. Viele Wallfahrtskirchen im Bayerischen und Oberpfälzer Wald sind seit rund 400 Jahren Zentren der Volksfrömmigkeit. Warum das? In schweren Zeiten, wie dem Dreißigjährigen Krieg, blieb den Kleinhäuslern im Wald, den Knechten und Handwerkern nur die Hoffnung auf Gottes Hilfe – und der innige Dank, wenn es nicht so schlimm kam, wie es hätte kommen können: eine schnelle Geburt, ein glimpflich verlaufener Unfall, eine Truppe Söldner, die am Dorf vorüberzog, Gründe für eine Wallfahrt gab es genug. Eine Legende um ein wundertätiges Bild, eine geheimnisvolle Statue oder auch die Lügengeschichte über die Pogrome gegen jüdische Bürger im Jahr 1338 wie bei der »Deggendorfer Gnad« (› S. 107) erhöhten noch den mystischen Reiz der Wallfahrt.
Im **Wallfahrtsmuseum** von Neukirchen b. Hl. Blut (› S. 89) erfährt man mehr über die religiösen und weltlichen Facetten der Pilgerschaft.

10 *Landshut 26

Die Stadt mit rund 62 000 Einwohnern ist eine typische Wittelsbacher Gründung: An der Kreuzung wichtiger Handelsstraßen stand schon um 1150 eine hölzerne Burg als »huet des landes«. 1204 ließ Herzog Ludwig der Kelheimer hoch über der Isar eine Burg bauen, 1205 gründete er unter dem Hofberg eine Stadt. Der ovale Grundriss ist bis heute erhalten, eine Besonderheit sind die parallelen Straßenzüge von **Alt- und Neustadt** mit den verbindenden Gassen.

Als Bayern 1255 geteilt wurde, zogen die Herzöge von Niederbayern-Landshut in die Burg; bis 1505 regierten sie ihre Hauptstadt mit Umsicht und Geschmack, was auch heute noch der Blick auf die romantisch-verwinkelte Dachlandschaft unterhalb von **Burg Trausnitz** › S. 122 zeigt. Das moderne Landshut ist ein Wirtschafts- und Verwaltungszentrum sowie Sitz der Regierung von Niederbayern.

Die *Altstadt A

Vom Großparkplatz auf der Grieserwiese ist es nur ein Katzensprung in die »Altstadt«, eine Prachtstraße mit vielen hübschen Läden und Cafés, die sich in leichtem Bogen von der Spitalkirche Heilig Geist zum imposanten Turm von St. Martin zieht. Besonders aufwendig verziert sind die gotischen Fassaden des **Pappenberger-Hauses** (Nr. 81) mit den auffälligen Staffelgiebeln und des **Grasberghauses** (Nr. 300). Knapp auf halber Strecke liegt das neugotisch umgebaute **Rathaus** von 1860 mit dem Prunksaal, dessen Wände Gemälde mit Szenen der Landshuter Hochzeit zeigen, und einem schönen Renaissance-Erker (Besichtigung nur mit Führung, Tel. 08 71/ 92 41 10).

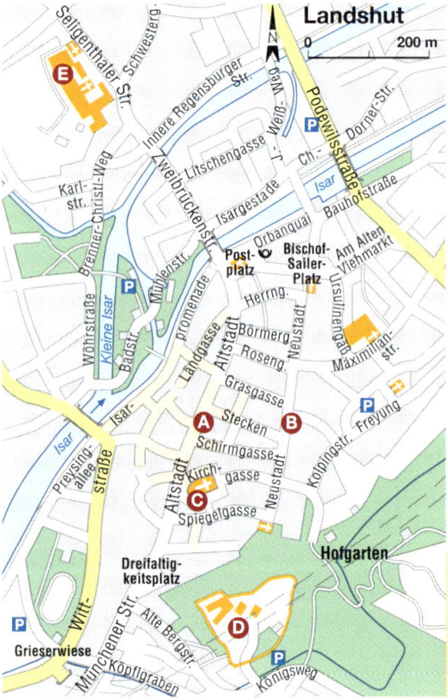

A Die Altstadt
B Die Neustadt
C St. Martin
D Burg Trausnitz
E Kloster Seligenthal

Karte Seite 120

Jedem Besucher sticht sofort die weiße Fassade der **Stadtresidenz** ins Auge. Herzog Ludwig X. ließ sie 1536–1543 errichten, weil er einen Palazzo haben wollte wie seine Standesgenossen in Mantua. Dennoch ist der Renaissance-Palast ein bauhistorischer Kompromiss: Zur Altstadt weist die »deutsche« Seite – solide, aber nicht zu auffällig; mit seiner rückwärtigen Front, zur Ländgasse, präsentiert er sich als »italienischer« Bau – protzige Steinblöcke in sandigem Gelb. Am schönsten sind die mythologischen Gemälde in den Prunkräumen und die Arkaden im Innenhof (Tel. 08 71/ 9 24 11 44; April–Sept. Di–So 9–18 Uhr, Okt.–März 10–16 Uhr, Besichtigung nur mit Führung, Dauer: 45 Minuten).

Kurz vor der Isarbrücke steht die Spitalkirche **Heilig Geist** (1407–1461), ein ebenso schlichter wie beeindruckender Bau des Meisters Hans Stethaimer.

Was die fruchtbaren Böden rund um Landshut hervorbringen, ist auf den Obst- und Gemüseständen des **Schwaigermarkts** entlang der Altstadt aufgetürmt (Mo–Do und Sa jeweils vormittags). Schon seit dem 13. Jh. bieten die sogenannten Schwaigerinnen die Früchte aus ihren Gärten an. Zu Fronleichnam führen die Landshuter Schwaiger mit drei Rittern zu Pferd den prächtigen **Prozessionszug** an.

Die *Neustadt B

Das Viertel zwischen Maximilianstraße und dem Hofgarten ist die **Freyung,** das mittelalterliche Quartier der Handwerker und Kleinhändler. Es ist längst nicht so schmuck wie die nahe Neustadt, die zweite Prachtstraße von Landshut aus dem 14. Jh. Die meisten Fassaden der Bürgerhäuser wurden barock umgestaltet und aufwendig verziert. Hier hatte im Mittelalter die Schranne ihren Platz, der Getreidemarkt. Am südlichen Ende sperrt die **Jesuitenkirche** den Straßenzug ab. Am Dreifaltigkeitsplatz steht der imposante **Herzogskasten,** in dem ab 1470 Herzog Ludwig der Reiche und seine Nachfolger die Abgaben der Bauern horteten.

Landshuter Hochzeit

Alle vier Jahre (erneut 2009) wird unter der Burg Trausnitz der höfische Prunk des Spätmittelalters wieder lebendig: Dann reitet Herzog Ludwig der Reiche durch die Stadt, grüßt sein Volk mit nobler Geste und freut sich über das prächtigste Fest, das die Welt seinerzeit gesehen hatte. Anno 1475 heiratete Georg, der Sohn des Herzogs, die schöne polnische Königstochter Jadwiga. Zu Fuß und hoch zu Ross strömten damals die Gäste in die Herzogstadt. Gut 13 Mio. Euro hat diese Landshuter Hochzeit nach heutiger Währung gekostet!

Wer die Landshuter Hochzeit miterleben will, muss sich Jahre im Voraus Karten sichern (Info: Die Förderer e.V., Tel. 08 71/ 2 29 18, www.landshuter-hochzeit.de)

**St. Martin Ⓒ

In jeder Hinsicht ist die ziegelrote Stiftsbasilika St. Martin der architektonische Höhepunkt Landshuts: Vor der dreischiffigen Pfeiler-Hallenkirche reckt sich der mit 131 m höchste Backsteinturm der Welt in den Himmel. Bereits 1387 begann man auf den Grundmauern einer romanischen Basilika mit dem Bau dieser kühnen gotischen Konstruktion. Noch heute rätseln Fachleute, wer ihre Statik derart genial berechnet hat. Zwei große Baumeister hat dieses epochale Bauwerk verschlissen. Zuerst Meister Hans von Burghausen (†1432); danach überwachte Hans Stethaimer die Arbeiten am Westportal und an der Basis des Turmes. Im Inneren streben die schmalen Säulen dem Firmament zu, wie schwerelos schwebt das Gewölbe über der Halle. Im Chorbogen steht ein großes Kruzifix des Ulmer Bildschnitzers Michael Erhart (um 1494); die schönste Sehenswürdigkeit von St. Martin ist jedoch die spätgotische **Rosenkranzmadonna** von Hans Leinberger.

Ech gu

*Burg Trausnitz Ⓓ

Nach der erhabenen Kühle in der Basilika bringt der etwa 15-minütige Aufstieg über die Alte Bergstraße und die Fürstentreppe zur Burg Trausnitz den Kreislauf in Schwung. Die eleganten Laubengänge im inneren Burghof sind das Resultat des letzten großen Umbaus von 1597, die ältesten Mauern stammen aus dem 13. Jh. Ein Brand im Fürstenbau 1961

Die Stiftsbasilika St. Martin in Landshut

Karte Seite 120

richtete schwere Schäden an, die meisten sind inzwischen beseitigt. Auch die **Narrentreppe,** ein Freskenzyklus aus der Commedia dell'arte, konnte gerettet werden. Die **Kunst- und Wunderkammer** präsentiert historische Kostbarkeiten aus aller Welt (Besichtigung mit Führung, Tel. 08 71/ 9 24 11-44, www.burg-trausnitz.de; April–Sept. 9–18 Uhr, Okt. bis März 10–16 Uhr).

*Kloster Seligenthal E

Nur gut 1 km vom Zentrum Landshuts entfernt liegt das Zisterzienserinnenkloster Seligenthal, in dessen Mauern sich eine elegante Rokokokirche verbirgt. In der **Afrakapelle** erinnern Skulpturen aus der Zeit um 1330 an Ludmilla, die Gemahlin Ludwigs des Kelheimers und Gründerin des Klosters. Als fürstliches Hauskloster nahm Seligenthal viele Wittelsbacher Prinzessinnen auf, deren Väter sich die Mitgift sparten.

Info

Tourist-Information
Altstadt 315 (Rathaus)
84028 Landshut
Tel. 08 71/92 20 50,
www.landshut.de

Hotels

Lindner Hotel Kaiserhof
Papiererstr. 2
Tel. 08 71/6 87-0
www.kaiserhof.lindner.de
Moderne, großzügig geschnittene Zimmer; Wellness-Center und Kurbetrieb; Blick über die Isar. ●●●

Schloss Schönbrunn
Schönbrunn 1
Tel. 08 71/95 22-0
www.hotel-schoenbrunn.de
Hier kann man gepflegt in historischer Umgebung übernachten; Restaurant mit internationalen Köstlichkeiten und regionaler Küche, Biergarten. ●●

Restaurants

Blaue Stunde
Herrngasse 377
Tel. 08 71/2 58 73.
Schickes Altstadtlokal mit Terrasse; Spezialität des Hauses: feine Überraschungsmenüs. ●●

Goldene Sonne
Neustadt 520
Tel. 08 71/9 25 30.
Gemütliche Gaststube, im Sommer Biergarten; bodenständige Küche mit frischen, regionalen Zutaten, Spargel- und Wildwochen. ●●

Nightlife

Am Abend gehen kulturell Interessierte ins **Stadttheater Landshut** (**Ländtorplatz 2–5, www.suedostbayerisches-staedtetheater.de**); Konditionsstarke vergnügen sich in der Diskothek **Bauhaus** (**Altstadt 362**).

Shopping

Stilecht sind die Haferln (Becher) mit glänzenden braunen Glasuren, wie sie die Bauern in der Küche benutzt haben. Besonders üppig ist das Angebot Anfang September beim **Haferlmarkt.** Ansonsten lohnt sich auch ein Besuch in den Werkstätten und Ateliers, z.B. von **Meinhild Mielenz** (**Kirchgasse 239, Tel. 08 71/2 45 41**) oder **Martin Goderbauer** (**Dr. Herterich-Allee 9, Tel. 08 71/6 93 28**).

Mariä Himmelfahrt am Hochaltar der Klosterkirche Rohr

Burg Kronwinkl

Die Festung erreicht man nach einer knapp einstündigen Fahrradtour isaraufwärts (oder mit dem Auto in 15 Min. über die B 11). Sie ist der Stammsitz der Grafen von Preysing, des ältesten noch existierenden bayerischen Adelsgeschlechts, und auch der richtige Ort für eine zünftige Brotzeit.

Restaurant

Schlosswirtschaft
Tel. 0 87 09/91 30
www.schlosswirtschaft-kronwinkl.de
Mit wunderschönem Biergarten. ●●

**Rohr i. NB. 27

Kunstfreunde wissen, welcher Schatz im Markt Rohr auf sie wartet: der Prunk der spätbarocken **Klosterkirche Mariä Himmelfahrt.** Auch hier haben die Brüder Asam ihre Visitenkarte hinterlassen, insbesondere Egid Quirin. der auch der Schöpfer der plastischen Darstellung der Himmelfahrt Mariens ist. Scheinbar schwerelos schwebt die Muttergottes über dem halbkreisförmigen Hochaltar in den Himmel, wo sie von der hl. Dreifaltigkeit erwartet wird. Die Fenster in der Apsis sind so konstruiert, dass die Sonnenstrahlen direkt auf die sakrale Schaubühne treffen und die staunenden Apostel am offenen Grab in ein mystisches Licht tauchen. 1946 haben Benediktiner das 1803 säkularisierte Augustinerchorherrenstift übernommen (Gruppenführungen auf Anfrage unter Tel. 0 87 83/96 00-0, www.kloster-rohr.de).

*Abensberg 28

Schon von Weitem ragen die Türme der Klosterkirche von Abensberg in den Himmel. Die Stadt liegt idyllisch eingebettet zwischen Spargelfeldern, deren Ernte in der Saison (Mai/Juni) die Speisekarten bereichert. In Abensberg ist der bayerische Geschichtsschreiber Johannes Turmair alias Aventinus (1477–1534) geboren, der als erster Gelehrter römische Quellen und Fundstücke systematisch erforscht hat. Im Stadtmuseum **Herzogskasten** erinnert man an den Gelehrten sowie an andere spannende Episoden der Stadtgeschichte (Dollingerstr. 18, 93326 Abensberg Tel. 0 94 43/91 03-59, www.abensberg.de; Di–So 10–16 Uhr, auch Tourist-Information).

Goldglänzend und fröhlich bunt ragt das neue Wahrzeichen der Stadt neben der Brauerei Kuchlbauer in den Himmel: Nach Entwürfen des Wiener Künstlers Friedensreich Hundertwasser entstand dort ein 35 m hoher Turm als **Kultstätte des Weißbiers.**

Restaurants

■ **Gasthof Jungbräu**
Weinbergerstr. 6–8
93326 Abensberg
Tel. 0 94 43/9 10 70
In dem traditionsreichen Restaurant sollte man sich die Spargelmenüs und ausgezeichneten Wildgerichte nicht entgehen lassen. ●●

■ **Kuchlbauer**
Stadtplatz 2, 93326 Abensberg
Tel. 0 94 43/90 31 88
Der Gasthof der Weißbierbrauerei ist bekannt für Spargelweißwürste und andere originelle Kreationen. ●●

Bier – Lebenssaft aus Hopfen und Malz

Was wäre Bayern nur ohne eine Halbe oder gar eine Maß Bier? Zwar hat längst nicht mehr jedes Dorf seine eigene Brauerei, doch am Reinheitsgebot von 1516 halten die traditionsbewussten Braumeister erfreulicherweise fest. In Niederbayern braut man ein feines Helles oder kräftige Klosterbiere mit viel Stammwürze, die schon den Benediktinermönchen die Fastenzeit erleichterten. Den Ehrentitel »Älteste Klosterbrauerei« trägt übrigens Weltenburg (› S. 60), sein dunkler »Asambock« steht der oberbayerischen Konkurrenz aus Andechs in nichts nach. Dabei haben die Mönche im Mittelalter die Braukunst nur erfunden, um das in der Regel recht verdreckte Trinkwasser zu entkeimen. Kein Wunder also, dass Bier schnell zum Grundnahrungsmittel avancierte. In Kelheim (› S. 59) ist das naturtrübe Weißbier zu Hause. In der Oberpfalz, vor allem im Stiftland, braut man noch das **Zoigl,** eine ungefilterte, untergärige Bierspezialität mit reichlich Hopfen und ohne Kohlensäure. Wo ein sechszackiger Stern oder Ring mit Bierkrug an einem Gasthaus hängt, wird diese Bierspezialität angeboten; der »Zoigl-Kalender« hilft bei der Auswahl (www.zoiglbier.de).

Wer kosten und lernen will, ist bei einer **Brauereibesichtigung** richtig; z.B. in **Aldersbach,** wo gleich neben der prächtigen Asamkirche seit 1268 Bier gebraut wird. Hier finden Rundgänge durch die Abfüllanlage und das Brauerei-Museum statt (Freiherr-von-Aretin-Platz 1, Tel. 0 85 43 96 04-0, www.aldersbacher.de;Führungen durch Brauerei und Museum ab Ostern bis 1. Nov., tgl. 13.30 Uhr, Gruppenführungen nach tel. Absprache). In **Abensberg** führt der Chef persönlich jeden Mittwochnachmittag durch die traditionsreiche Weißbierbrauerei Kuchlbauer, in den Sommermonaten gibt es zusätzliche Führungen Sa 10 Uhr, So 15 Uhr (Römerstr. 5–9, Tel. 0 94 43/9 10-10, www.kuchlbauer.de).

Oberpfalz

Nicht verpassen!

- Mittelalter live auf den Burgen am Main-Donau-Kanal erleben
- Einkehr mit zünftiger Brotzeit beim Zoiglwirt
- Pistenzauber im Sonnentop auf dem Monte Kaolino

Karte Seite 129

Zur Orientierung

Dicke Mauern auf fast jedem Fels! 625 Burgen sind in der Oberpfalz erhalten, wenn auch viele nur als Ruine. Die steinernen Zeugen erinnern daran, dass die Region seit ihrer Besiedlung Grenzland war. Eine karge Ur-Landschaft, in der die Menschen immer wieder zusammenrücken mussten, um sich vor plündernden Horden und den eisigen böhmischen Winden zu schützen. Die Raubzüge wilder Reiter aus Ungarn waren vor rund 1000 Jahren der Grund für den Bau von Burgen mit soliden Mauern und massigen Türmen.

Burgen und Kirchen sind – ausgehend von der heimlichen Hauptstadt **Weiden** – die Wegweiser zu einer Rundreise durch die Oberpfalz, zu versteckten Sehenswürdigkeiten und Landschaften zwischen dem südlichen **Fichtelgebirge**, den Wasserwelten im **Tirschenreuther Weihergebiet** und im **mittleren Naabtal** sowie dem verwunschenen **Bayerischen Jura**. Lediglich die sakralen Schätze im Nördlichen Oberpfälzer Wald – **Kloster Waldsassen** und die **Wallfahrtskirche Kappel** – sind überregional bekannt. Lassen Sie sich daher überraschen von hübschen Kleinstädten und kulturellen Schmuckstücken wie den prächtigen **Akanthusaltären** und den stolzen Burgen der Oberpfalz.

Vor dem Rathaus in Weiden

Touren in der Region

Streifzug durchs Stiftland

(13) Kappel › Waldsassen › Sibyllenbad › Windischeschenbach/KTB › Neustadt a.d. Waldnaab › Weiden

Länge: 65 km; Dauer 2–3 Tage
Praktische Hinweise: Im Sommer und Frühherbst finden an jedem Wochenende Traditionsfeste, Kirchweihen und Historien-Festspiele statt. Informationen bei den regionalen Verkehrsämtern.

Einen ganzen Tag braucht man schon, um den sakralen Glanz der ****Wallfahrtskirche Kappel** › S. 132 und des prächtigen ****Klosters Waldsassen** › S. 132 im Stiftland aufzunehmen. Danach bietet sich ein entspannter Thermentag im **Sibyllenbad** › S. 133 geradezu an. Geologische Forschung in ländlicher Idylle dokumentiert die Kontinentale Tiefenbohrung (KTB) bei **Windischeschenbach** › S. 131, während die Region um **Neustadt an der Waldnaab** › S. 131 und **Weiden** › S. 130, die heimliche Hauptstadt der Oberpfalz, mit verwunschenen Burgen und bekannten Glas- sowie Porzellanmanufakturen punktet.

Sandgestöber und Wasserwelten

⑭ Monte Kaolino › Neusath-Perschen › Amberg › Burglengenfeld › Kallmünz

Länge: 75 km; Dauer: 3 Tage
Praktische Hinweise: Schlitten- und Skiverleih am Monte Kaolino; Bootsverleih in Kallmünz: Kanuschorsch, Tel. 0 94 73/86 28.

Sommerliche Pistengaudi ermöglicht der Sandberg **Monte Kaolino** › S. 133 bei Hirschau, während im **Freilandmuseum von Neusath-Perschen** › S. 136 alte Häuser und prächtige Gärten die Bauernromantik vergangener Zeiten pflegen. Für die Stadt ***Amberg** › S. 133 sollte man sich einen ganzen Tag Zeit nehmen, bevor man dem idyllischen Vilstal mit seinen historischen Hammermühlen nach Süden folgt, um in **Burglengenfeld** › S. 136 eine Zeitreise ins Mittelalter zu machen oder eine Paddeltour auf dem malerischen Unterlauf der Naab bis **Kallmünz** › S. 62 zu wagen.

Durch den Bayerischen Jura

⑮ Essing › Main-Donau-Kanal › Riedenburg › Berching › Velburg › Neumarkt

Länge: 70 km; Dauer: 2–3 Tage
Praktische Hinweise: Flugvorführungen von Greifvögeln auf der Rosenburg bei Riedenburg tgl. außer Mo 11 und 15 Uhr; Ende April–Mitte Okt. mehrmals tgl. Zu Ausflugsfahrten auf dem Main-Donau-Kanal zwischen Kelheim und Beilngries Infos unter www.schiffahrt-kelheim.de (› S. 59).

Wildromantisch drängen sich die Felsen zwischen **Essing** › S. 140 und **Riedenburg** › S. 139 an den Main-Donau-Kanal › S. 139, wo Last- und Passagierschiffe auf die Schleuseneinfahrten warten. Im mittelalterlichen ****Berching** › S. 138 kann man sich nicht nur beim Chinesenfasching amüsieren, und bei ****Velburg** › S. 137 lohnt die König-Otto-Höhle einen Besuch. **Neumarkt i.d.OPf.** › S. 136 schließlich hat sich für die Besucher herausgeputzt und eine Menge zu bieten.

Verkehrsmittel

Für genussvolle Landpartien gibt es keine Alternativen zum eigenen Pkw. Aber Vorsicht: Auf dunklen Nebenstraßen kreuzen oft Rehe und andere Wildtiere.

Wichtige Adressen

- **Naturpark Oberpfälzer Wald e.V.,** Wackersdorfer Str. 80
92421 Schwandorf
Tel. 0 94 31/4 71-3 37
www.naturpark-opf-wald.de
- **Oberpfälzer Waldverein**
Rotkreuzplatz 10, 92637 Weiden,
Tel. 09 61/3 64 51,
www.owv-hv.de

Karte Seite 129

Karte Seite 129

Unterwegs in der Oberpfalz

Weiden 1

Überregional ist die Stadt (43 000 Einw.) als Sitz eines Textil-Versandhauses und für Porzellan bekannt, doch man pflegt auch die Erinnerung an den hier aufgewachsenen Komponisten Max Reger. Bei den im dreijährigem Turnus stattfindenden Musiktagen sind seine Werke ein fester Bestandteil im Repertoire (www.maxreger-weidenermusiktage.de; nächster Termin: April 2010). Im **Stadtmuseum** sind zwei Räume im Stil seiner Zeit möbliert. Auch der kürzlich verstorbene Plakatkünstler, Illustrator und Karikaturist Michael Matthias Prechtl ist dort mit einem bissig-amüsanten Kabinett gewürdigt (Schulgasse 3a, Tel. 09 61/4 70 39 00; Mo–Fr 9–12 Uhr, 14–16.30 Uhr).

Lohnend ist auch ein Besuch im **Internationalen Keramikmuseum,** das im ehemaligen Getreidespeicher des Klosters Waldsassen untergebracht ist. Es zeigt Chinesisches Porzellan aus der Sammlung Seltmann und Wechselausstellungen (Luitpoldstr. 25, Tel. 09 61/3 20 30; Di–So 10 bis 12.30 Uhr, 14–16.30 Uhr).

Info

Tourist-Information
Dr.-Pfleger-Str. 17
92637 Weiden i.d.OPf.
Tel. 09 61/48 08-2 50
www.weiden-oberpfalz.de

Hotel

Hölltaler Hof
Oberhöll 2
92637 Weiden i. d. OPf.
Tel. 09 61/4 30 93
www.hoelltaler-hof.de.
Idyllisch am Waldrand gelegen, mit Kaminzimmer und familiärem Flair. ●–●●

Ausflüge ab Weiden

Burg Leuchtenberg 2

Die monumentale **Landgrafenburg Leuchtenberg,** 15 km südöstlich von Weiden, ist die bekannteste Ruine der Oberpfalz. 1124 erstmals erwähnt, war sie bis 1646 Stammsitz der Grafen von Leuchtenberg (Führungen: Tel. 0 96 59/9 21 04; April–Okt. Di bis So 9.30–12 Uhr, 14–17 Uhr). Im Sommer dient der Innenhof den Burgfestspielen als prächtige Kulisse (www.stadtbuehne.de).

Pleystein und Flossenbürg

Über Vohenstrauß erreicht man in ca. 30 Min. mit dem Auto **Pleystein** 3. Ein 30 m hoher Fels aus Milch- und Rosenquarz, der Kreuzberg, erhebt sich hier mitten in der Altstadt. Das alte Städtchen brannte 1901 fast vollständig ab, die heutigen Fassaden sind bestenfalls historisierend.

Einsame Wälder säumen den Weg weiter nach Norden zur **KZ-**

Gedenkstätte Flossenbürg 4. Im dortigen Konzentrationslager unter der Ruine einer Hohenstaufer Feste (um 1100) wurden rund 30 000 Häftlinge von den Nazi-Schergen ermordet, wie der Theologe Dietrich Bonhoeffer. Ein Dokumentationsraum ist im rekonstruierten »Arrestbau« untergebracht (Führungen, nur Gruppen: Tel. 0 96 03/92 19 80, www.gedenkstaette-flossenbuerg.de).

Neustadt an der Waldnaab 5

Am nördlichen Abschnitt der Glastraße (› S. 65) ist Neustadt das Oberpfälzer Zentrum für die Herstellung von Bleikristall. Als wertvolles Mitbringsel beliebt sind die kunstvoll geschliffenen Goldrubingläser. Das alte (17. Jh.) und das neue **Schloss** (18. Jh.) der Fürsten von Lobkowitz sowie das **Rathaus** (1824) und die barocke **Pfarrkirche** umschließen einen Stadtkern voller nostalgischer Reize. Über der Stadt erhebt sich eine Wallfahrtskirche: **St. Felix** auf dem Felixberg. Im nahen **Parkstein** türmt sich das Gestein zu Europas »schönstem Basaltkegel«, wie Alexander von Humboldt befunden haben soll.

Info

■ **Tourismuszentrum Landkreis Neustadt a.d. Waldnaab**
Stadtplatz 34
92660 Neustadt a. d. Waldnaab
Tel. 0 96 02/7 91 05
www.oberpfaelzerwald.de

Windischeschenbach 6

Internationale Berühmtheit hat die kleine Stadt nördlich von Weiden durch ein Loch erlangt: **KTB – die Kontinentale Tiefbohrung.** Zwischen 1980 und 1994 stachen dort Experten mit sündteuren Rollenmeißeln aus Diamantbohrern Schicht um Schicht aus der Erdkruste. Heute ist das Loch unvorstellbare 9101 m tief und dabei nur 71 cm weit. Tief unten im Loch brodelt dafür das Erdinnere bei 300 °C, darüber stehen der futuristisch beleuchtete Bohrturm und das ***GEO-Zentrum an der KTB**. Dort wird der wissenschaftliche Zweck dieser technologisch einmaligen und außerordentlich erfolgreichen Forschungsaktion auf der Nahtstelle zweier Ur-Kontinentalplatten erklärt, die hier vor rund 350 Mio. Jahren übereinandergeschoben wurden (Tel. 0 96 81/4 00 43-00, www.geozentrum-ktb.de; Mai–Okt. 10–18 Uhr, Nov.–April 10–16 Uhr, Bohrturmführungen in der Ferienzeit Mitte Juni–Mitte Sept. tgl. 15 Uhr).

Restaurant

■ **Schoilmichl**
Marktplatz 20
92670 Windischeschenbach/Neuhaus
Tel. 0 96 81/13 97
Bekannt für traditionell gebrautes Zoiglbier (› S. 125), auch zum Mitnehmen, das frisch gezapft im schönen Biergarten aber noch süffiger schmeckt. ●

Shopping

■ Brennerei Schraml
Kaiserberg 16, 92681 Erbendorf
Tel. 0 96 82/8 81
www.brennerei-schraml.de
10 km nordwestlich von Windischeschenbach, wo die raue Landschaft des Naturparks Steinwald manchmal durchaus an Schottland erinnert, entsteht u.a der bayerisch-samtige, 10 Jahre gereifte Single Grain Whisky »Stonewood 1818«.

11 **Waldsassen 7

Im geistlichen und kulturellen Zentrum der Region haben Zisterziensermönche des imposanten Klosters Waldsassen Bauwerke von klassischer Schönheit hinterlassen. Die ***Stiftsbasilika Mariä Aufnahme in den Himmel** (1685–1737) ist ein glänzendes Gemeinschaftswerk von Georg und Christoph Dientzenhofer, dem Stuckateur Giovanni Battista Carlone und weiteren Kunsthandwerkern des Barock. Sehenswert ist die ****Klosterbibliothek** von 1726 mit beeindruckenden Holzschnitzereien und rund 2000 Büchern aus dem 17./18. Jh.

Die markante Wallfahrtskirche Kappel im Wald bei Waldsassen

Info

■ Tourist-Information
Johannisplatz 11, 95652 Waldsassen
Tel. 0 96 32/88-1 60
www.waldsassen.de

Restaurant

■ Gasthof Prinzregent Luitpold
Prinzregent-Luitpold-Str. 4.
95652 Waldsassen
Tel. 0 96 32/28 86
www.gasthof-prinzregent-luitpold.de
Typischer Landgasthof, Spezialität: hausgemachter Pressack mit Holzofenbrot. ●●

Die **Kappel im Wald 8

Der sakrale Höhepunkt der Oberpfalz, die Wallfahrtskirche Kappel im Wald, liegt nordwestlich von Waldsassen bei **Münchenreuth.** Dieses Gotteshaus mit dem kleeblattförmigen Grundriss ist eine der originellsten Kirchen des bayerischen Barock. Ganz am Rand Bayerns thront sie wie ein Märchenschloss mit Zwiebeltürmen

Karte Seite 129

auf dem Glasberg; sie ist das Meisterstück von Georg Dientzenhofer, erbaut zwischen 1685 und 1689 als architektonische Vision der göttlichen Dreifaltigkeit. Im Innenraum zwingt die Architektur den Blick der Pilger auf den Altarraum in der östlichen Nische.

Sibyllenbad 9

Wer nach so viel Kultur etwas Entspannung sucht, gönnt sich einen Abstecher Richtung Osten ins **Sibyllenbad** in Neualbenreuth, kurz vor der tschechischen Grenze. In der Nachbarschaft zu den weltberühmten böhmischen Traditionsbädern hat sich das neue Gesundheitsziel im Oberpfälzer Stiftland in kürzester Zeit etabliert. Hier sprudelt radonreiches Heilwasser in die Badebecken, wohltuend für Kreislauf und Knochen (› Special S. 114).

Info

Kurmittelhaus Sibyllenbad
Kurallee 1
95698 Neualbenreuth
Tel. 0 96 38/9 33-0
www.sibyllenbad.de

Monte Kaolino 10

Sandboarder lieben den riesigen Haufen aus Quarzpulver bei Hirschau, der eigentlich eine Abraumhalde der Porzellanproduktion ist. Den 120 m hohen Monte Kaolino beherrscht eine **große Funsport-Area** samt Rodelbahn, Farbenwald und Dünenfreibad; regelmäßig finden dort Sportwettbewerbe statt. Auch Laien rutschen, purzeln und rieseln in bester Laune den Spaßberg hinab (Informationen: Freizeitpark Monte Kaolino, 92242 Hirschau, Tel. 0 96 22/81-5 02, www.montekaolino.eu; Mai–Sept. geöffnet).

*Amberg 11

Wer hier alle Sehenswürdigkeiten würdigen will, ist zwei Tage beschäftigt. Zumal auch ausgezeichnete Gastronomie, Boutiquen und Galerien locken. Orientierungshilfe bei einem Spaziergang durch die alten Gassen der einst stolzen Fürstenstadt gibt der kantige Turm der spätgotischen **Basilika St. Martin.** Göttliche Pracht im feinsten Rokoko verbirgt sich hinter der schlichten Fassade der **Schulkirche** (1699) im Löwenwirtsgässchen. Bis zur Säkularisation 1803 war das von Wolfgang Dientzenhofer entworfene Gotteshaus Teil des Salesianerinnenklosters. Für die Stuckarbeiten holte der Baumeister den italienischen Meister Giovanni Battista Carlone, mit dem er schon bei der Wallfahrtskirche auf dem Mariahilfberg (› S. 134) zusammengearbeitet hatte. Trotz einiger Umbauten und einem Brand 1815 sind noch viele Statuen, Fresken und sakrale Kostbarkeiten erhalten.

Ein weiteres Juwel aus der wechselvollen Geschichte der Region findet sich im **Stadtmuseum**: Der »Amberger Liedertisch«, eine reich dekorierte Rundtafel aus Solnhofener Schiefer und ein

Meisterwerk der Steinätzkunst. Die Bürgerschaft schenkte ihn im Jahr 1591 dem Rat der Stadt, wie eine Widmung besagt. Ganz ohne Hintergedanken haben die Kaufleute und Bergwerksbesitzer das teure Präsent des Schriftenmalers und Gastwirts Caspar von der Sitt allerdings nicht überreicht, denn in den wohlgesetzten Worten einer Motette, deren Partitur den Tisch ziert, baten sie die Stadtherren, die reine, liberale Lehre Luthers vor calvinistischen Einflüssen zu bewahren. Ohne Erfolg, wie der Lauf der Geschichte zeigte (Zeughausstr. 18, Tel. 0 96 21/10-2 83 oder -2 84, www.amberg.de; Di–Fr 11–16 Uhr, Sa und So 11 bis 17 Uhr).

Triumphierend kündet auf dem Mariahilfberg die barocke **Wallfahrtskirche Maria Hilf** vom Sieg des katholischen Glaubens über die schwedischen Ketzer und sämtliche Widernisse des Daseins. Ihr Bau geht zurück auf ein Gelübde während der Pestepidemie von 1634/35. Nach dem Brand der ursprünglichen Kapelle (1646) begann man 1696 mit dem Bau der großen Barockkirche. 1717 erhielt Cosmas Damian Asam den Auftrag, in den Deckenfresken die Geschichte der Wallfahrt darzustellen.

Samstags um 10 Uhr startet vor dem gotischen Rathaus die **Besondere Stadtführung** zu den weniger bekannten Sehenswürdigkeiten Ambergs. Danach wäre es wohl an der Zeit für ein Bierseminar oder zumindest eine Bierprobe in einer der ortsansässigen Brauereien (z.B. **Malteser,** Malteserplatz 2; **Brauerei-Gaststätte Winkler,** Untere Nabburger Str. 34).

Echt gut!

Die gemütlichsten Biergärten

- Logisch, dass im Bierhotel **Gut Riedelsbach** in Neureichenau auch der Biergarten eine süffige Sensation ist. 80 Sorten sind dort im Ausschank! › S. 84
- Frisch vom Fass kommt das Bier beim **Kummert Bräu** in Amberg auf die traditionellen Holztische, dazu gibt es Oberpfälzer Schmankerl im Schatten alter Kastanien. › S. 135
- Adeliger Flair aus dem Hause Thurn und Taxis sowie jazzige Konzerteinlagen verfeinern den Genuss im **Fürstlichen Brauhaus** zu Regensburg. › S. 57
- Das urige **Schwellhäusl** am Rand des Nationalparks Bayerischer Wald belohnt durstige Wanderer mit herzhaften Brotzeiten und kühlem Bier unter den rauschenden Waldriesen. › S. 85

Info

- **Tourist-Information**
  Hallplatz 2
  92224 Amberg
  Tel. 0 96 21/10-2 39
  www.amberg.de

Hotels

- **Eh'häusl**
  Seminargasse 8
  92224 Amberg
  Tel. 0 96 21/3 78-26
  www.ehehaeusl.de

Karte Seite 129

Romantik pur: Ein einziges Himmelbett für Verliebte lockt im »kleinsten Hotel der Welt«. ●●●

■ **Drahthammer-Schlössl**

Drahthammerstr. 30
92224 Amberg
Tel. 0 96 21/7 03-0
www.hoteldrahthammerschloessl.de

Am Stadtrand gelegen, mit stilvoll möblierten Zimmern, Gourmetrestaurant, Pianobar und Fahrradverleih. ●●

Restaurant

■ **Zum Kummert Bräu**

Raigeringer Str. 11, 92224 Amberg
Tel. 0 96 21/1 52 59

Zwischen Sudhaus und dem zünftigen Biergarten schmecken Braten und Brotzeiten vorzüglich. ●–●●

Ausflüge ab Amberg

Museum Schloss Theuern

Wer sich für die Geschichte des Bergbaus in der an Bodenschätzen reichen Oberpfalz interessiert, für den lohnt sich ein Besuch des **Bergbau- und Industriemuseums Ostbayern** im schmucken Hammerherrenschloss Theuern an der Bayerischen Eisenstraße, etwa 10 km südlich von Amberg (Portnerstr. 1, 92245 Kümmersbruck, Tel. 0 96 24/8 32, www.museumtheuern.de; Di–Sa 9–17 Uhr, So, Fei 10–17 Uhr).

*Akanthusaltäre in der Oberpfalz

Kunstfreunde mit Pioniergeist spüren in versteckten Weilern einzigartige Schätze auf: reich mit Blattgold verzierte Akanthusaltäre. Das stilisierte Laub des weichen Bärenklaus *(akanthus mollis)* ist im Barock die ornamentale Leitform für dekorative Stuck- und Kunstschreinerarbeiten. In Ranken schmiegt sich die Akanthusverzierung in Altarnischen und Bilderrahmen, schlängelt sich an den Wänden entlang und windet sich um Monstranzen. Die bekanntesten Werke schufen Johann Michael Doser (1678–1756) und der Weidener Johann Christoph Windisch (1657–1731).

Die schönsten Altäre

Einen Abstecher wert sind die Pfarrkirche St. Johannes der Täufer in J. M. Dosers Heimatort **Auerbach** am Westrand des Truppenübungsplatzes Grafenwöhr (www.auerbach.de) sowie die Kirche St. Katharina in **Reuth** bei Erbendorf mit einem sehr schönen monstranzförmigen Hochaltar, der Johann Christoph Windisch zugeordnet wird. Auch in der neuen katholischen Kirche St. Veit in **Thumsenreuth** (Gemeinde Krummennaab), nur wenige Kilometer östlich von Burg Falkenberg, steht ein prächtiger alter Rankenaltar, auf dem die 14 Nothelfer in das Akanthusschnitzwerk eingeflochten sind (www.oberpfaelzerwald.de).

Der Tourismusverband Ostbayern (› S. 141) hat eine Broschüre über Akanthusaltäre in Ostbayern und Böhmen zusammengestellt.

Neusath-Perschen

Das **Oberpfälzer Freilandmuseum** in Neusath-Perschen bei Nabburg, ca. 30 km von Amberg entfernt, ist die neue Heimat für 32 historische, authentisch rekonstruierte Höfe, Ställe und Werkstätten aus den Agrarregionen der Oberpfalz. Das Gelände wird traditionell bewirtschaftet, Ausstellungen und ein abwechslungsreiches Mitmach-Angebot für die Besucher informieren über das Landleben (Neusath 200, 92507 Nabburg, Tel. 0 94 33/24 42-0, www.freilandmuseum.org).

Burglengenfeld 12

Weithin sichtbar ragt die in ihren Grundzügen romanische **Burgfestung** über die historische Altstadt von Burglengenfeld und das Naabtal hinaus. 800 m Ringmauer umschließen die Anlage, in der die Wittelsbacher Herzöge u.a. den Hohenstaufer Konradin und den Welfenkönig Otto von Braunschweig empfangen haben. Im schmucken Stadtkern sprechen das **Renaissance-Rathaus** (um 1545), Bierkeller aus dem Mittelalter, der Wochenmarkt (Unterer Marktplatz, Mi) und die Behaglichkeit einer selbstbewussten Kleinstadt für eine Visite.

Weißwurstakademie

Wer schon immer von einem Weißwurstdiplom träumte, ist in der 1. Bayerischen Weißwurstakademie von Norbert Wittmann in Neumarkt i. d. OPf. genau richtig. Auf die Ausbildung in der Schaumetzgerei folgt die Verkostung des prallen Werkes mit süßem Senf, einem Malzweckerl und ökologisch gebrautem Lammsbräu. Und wer davon nicht satt wird, kann sich beim Wittmann auch ein viergängiges Weißwurstmenü servieren lassen! (Bahnhofstr 21, 92318 Neumarkt i. d. OPf., Tel. 0 91 81/90 74 26, www.hotel-wittmann.de).

Info

Stadt Burglengenfeld
Marktplatz 2–4
93133 Burglengenfeld
Tel. 0 94 71/7 01 80
www.burglengenfeld.de

Neumarkt 13

Die ehemalige Reichs- und Residenzstadt Neumarkt i.d.OPf. (40 000 Einw.) war im Lauf der Geschichte mehrmals umkämpft. Schwedische, österreichische und alliierte Angriffe haben viel historische Bausubstanz zerstört. In den 1950er- und 1960er-Jahren bauten die Stadtväter u.a. das im Zweiten Weltkrieg zerbombte Rathaus mit pseudo-gotischer Fassade wieder auf.

Im **Pfalzgrafenschloss** wurde 1416 der spätere dänische König Christopher geboren, im südlichen Seitenschiff der **Hofkirche Mariä Himmelfahrt** findet man das Hochgrab des Pfalzgrafen Otto II. aus rotem Marmor, und die frühere Stammburg der Wol-

Karte Seite 129

fensteiner, heute eine stattliche Ruine, bietet vom 40 m hohen Aussichtsturm einen schönen Panoramablick. Einer Landesgartenschau verdankt Neumarkt einen abwechslungsreichen Park.

Bekannt für seine Gibbon-Nachzuchten ist der private **Jura-Zoo** (Sulzbürger Str. 46, Tel. 0 91 81/18 87, www.jura-zoo.de, tgl. ab 10 Uhr). Aber auch ungewöhnliche Vögel wie Kaptriele und Geierraben sieht man dort.

Info

Tourist-Information
Rathausplatz 1
92318 Neumarkt i.d.OPf.
Tel. 0 91 81/2 55-1 25
www.neumarkt.de

Der Ludwig-Donau-Main-Kanal

Wildromantisch zugewachsen zieht sich der alte **Ludwigskanal** durch den Oberpfälzer Jura bis nach Neumarkt. Bis zu 10 000 Arbeiter schaufelten im 19. Jh. an dieser 144 km langen Riesenbaustelle, einer technischen Pionierleistung. Nach zehnjähriger Bauzeit konnte König Ludwig I. den Kanal am 25. August 1846 für die Schifffahrt zwischen Bamberg und Kelheim freigeben. Doch bald machte die schnellere Eisenbahn der Wasserstraße Konkurrenz. Heute dienen die einstigen Treidelpfade als Fahrradwege, die alten Mühlen und Schleusen sind beliebte Fotomotive. Zwischen

Bunte Fassaden in Velburg

Berching und Berg zieren moderne Skulpturen die Idylle (www.kunst-am-kanal.de) und bei Burgthann im Nürnberger Land treidelt am ersten Sonntag im Monat der Kaltblüter Max den Kahn »Elfriede« mit einer Ladung Ausflugsgästen über das stille Wasser (Informationen: Gemeinde Burgthann, Tel. 0 91 83/40 10, www.burgthann.de).

! Weitere Ausflugstipps erhält man im Informationszentrum Naturpark Altmühltal, Notre Dame 1, 85072 Eichstätt, Tel. 0 84 21/9 87 60, www.naturpark-altmuehltal.de.

**Velburg 14

Kunsthistorisch sehr bedeutend sind die Sehenswürdigkeiten der Stadt: Die Wallfahrtskirche **Herz Jesu** auf dem Kreuzberg, ein Baujuwel in Weiß und Gold, das **Rathaus** mit seinem reich verzierten Treppengiebel und die gotischen Flügelaltäre in der **Annakirche** am Friedhof beweisen, dass auch in den Kleinstädten der Oberen Pfalz Kunstsinn und Geschäftserfolge möglich waren. Immerhin war diese an Eisenerz und anderen Metallen reiche Region das »Ruhrgebiet des Mittelalters«.

Zu den Attraktionen von Velburg gehören zwei Ruinen: Burg **Velburg** aus dem 12. Jh. und die des einstigen Barockschlosses **Helfenberg** sowie die **König-Otto-Höhle** bei St. Coloman, eine der schönsten Tropfsteinhöhlen Deutschlands. Ein Fuchs, der urplötzlich im Berg verschwand, hatte den Schäfer Peter Federl am 30. Sept. 1895, dem Namenstag des Königs, in die bizarre Welt der Stalagmiten und Stalakktiten geführt. Die Höhle ist für Besucher erschlossen; ein Rundgang dauert etwa 30 Minuten (Führungen: Tel. 0 91 82/4 46; April–Okt. tgl. 9–17 Uhr).

Wandern auf dem Jurasteig

Echt gut!

In zwölf angenehmen Etappen kann man auf dem insgesamt 230 km langen **Qualitätsweg Jurasteig** die landschaftliche Idylle des Bayerischen Jura und seine schmucken Ortschaften zwischen dem Altmühltal und der Klosterburg Kastl kennenlernen (Informationen: www.jurasteig.de und www.bayerischerjura.de).

Info

- **Verkehrsamt Stadt Velburg**

Hinterer Markt 1
92355 Velburg
Tel. 0 91 82/93 02-0
www.stadt-velburg.de

**Berching 15

Am schönsten weit und breit sind die Bauten aus dem Mittelalter in Berching erhalten. Die 1100 Jahre alte Kleinstadt (8700 Einw.) liegt malerisch im Tal der Sulz. Wagt man ein paar Schritte hinter die Mauer mit ihren 13 Türmen, steht man unvermittelt im 15. Jahrhundert: Stattliche Giebelhäuser und schmucke Fachwerkbauten rahmen zwei große Marktplätze ein. In zwei Nächten in jedem Juni erstrahlt das mittelalterliche Städtchen bei der »Berchinale des Lichts« in einem Lichtermeer.

Info

- **Tourismusbüro Berching**

Pettenkoferplatz 12
92334 Berching
Tel. 0 84 62/2 05 13
www.berching.de

Restaurants

- **Blaue Traube**

Pettenkoferplatz 3, 92334 Berching
Tel. 0 84 62/12 50
www.hotel-blauetraube.de

- **Brauerei-Gasthof Winkler**

Reichenauplatz 22
92334 Berching
Tel. 0 84 62/13 27
www.brauereigasthof-winkler.de
Alteingesessene Gasthäuser mit gutem Preis-Leistungs-Verhältnis. Beide ●●

Vorführung auf dem Landesfalknerhof in Riedenburg

Am Main-Donau-Kanal

Mit dem Fahrrad, einem Ausflugsschiff oder dem Auto kann man zwischen Berching und Kelheim (› S. 59) dem im Jahr 1992 eröffneten Main-Donau-Kanal folgen. Vor allem im Sommer ist die Kanalstrecke ein beliebtes Reiseziel im Naturpark Altmühltal, für den das Flüsschen Altmühl grundlegend verändert wurde: Schleusen und ökologische Ausgleichsflächen sorgen für Abwechslung an der Wasserstraße. Den konstant 55 m breiten und 4 m tiefen Kanal durch den fränkischen Jura passieren jährlich knapp 6000 Passagier- bzw. Güterschiffe und Schubverbände.

12 Riedenburg 16

Die Ruinen Rabenstein und Tachenstein, eine Burg, ein Schloss und ein idyllischer Marktplatz locken die Besucher. Die prächtige **Rosenburg** beherbergt den Bayerischen Landesfalknerhof mit Falknereimuseum (Tel. 0 94 42/27 52, www.falkenhof-rosenburg.de; März–Okt. Di–So 9–17 Uhr, Flugvorführungen von Greifvögeln 11 und 15 Uhr tgl. außer Mo).

Burg Prunn hoch über dem Ortsteil Nussdorf mit dem romanischen Bergfried entspricht dem Idealtyp einer mittelalterlichen Ritterburg (Tel. 0 94 42/33 23, www.schloesser-bayern.de; April bis Okt. tgl. 9–18 Uhr, Nov.–März Di–So 10–16 Uhr). 1037 erstmals urkundlich erwähnt, fand hier der Historiker Wiguläus Hundt 1575 das »Lied Chriemhildens«, eine der wenigen Handschriften des Nibelungenliedes. Der »Prunner Codex« wird in München in der Bayerischen Staatsbibliothek gehütet. Seit 2006 wieder zu sehen sind die Prunner Tapisserien, zwei 300 Jahre alte Bildteppiche mit alttestamentarischen Szenen.

Im **Kristallmuseum** bestaunt man die 7,8 t schwere und damit größte Bergkristallgruppe der Welt (Bergkristallstr. 1, 93339 Riedenburg, Tel. 0 94 42/18 11, www.kristallmuseum-riedenburg.de; März–Okt. 9–18 Uhr).

Info

■ Tourist-Information
Marktplatz 1
93339 Riedenburg
Tel. 0 94 42/90 50 00
www.riedenburg.de

Essing 17

Im romantischen Marktflecken Essing im Altmühltal windet sich die **längste Holzbrücke Europas** auf 193 m über den Main-Donau-Kanal. Die **Burgruine Randeck** (Besichtigung April–Okt. tgl. 9.30–18 Uhr) aus dem frühen 10. Jh. bietet sich für ein Picknick mit grandioser Aussicht geradezu an, bevor man sich in die 9 °C kühle Tropfsteinhöhle **Schulerloch** wagt. In dieser unheimlichen Umgebung fand man Spuren von Neandertalern (15. März–2. Nov., Besichtigung nur mit Führung: www.schulerloch.de).

Info

■ Tourist-Information
Marktplatz 1
93334 Essing
Tel. 0 94 47/92 00 93
www.marktessing.de

Bei den alten Rittersleuten

Die malerische Dreiburgenstadt Riedenburg ist der richtige Platz für einen Blick ins Mittelalter: Trotz der dicken Mauern war der Alltag in den strategisch auf Bergrücken und Felsnasen angelegten Festungen des altbayerischen Landadels alles andere als romantisch oder gar komfortabel. Enge, dunkle Kammern, Gestank von Schießpulver und Hundedreck – so beschrieb schon der Humanist Ulrich von Hutten im 16. Jh. das Leben auf der Burg. Heute kombinieren Fachleute aus Fundstücken sowie den wenigen erhaltenen schriftlichen Quellen ein realistisches Bild über den Alltag der Ritter im Mittelalter. Wer heute in einem aufwendig restaurierten Rittersaal verweilt, vergisst leicht, wie karg und kurz das Leben der »alten Rittersleut« gewesen ist: Kriege und Kreuzzüge, Krankheiten und Missernten forderten ihren Tribut, mit dreißig Jahren gehörte einer damals schon zum alten Eisen. Doch schlechter als der Landadel lebte über die Jahrhunderte das einfache Volk, dessen Abgaben, der Zehent, und Arbeitseinsätze erst den Bau von Burgen, Kirchen und Klöstern möglich machten.

Infos von A–Z

Behinderte
Moderne Gebäude sind meist barrierefrei ausgebaut, Probleme gibt es auf Bahnhöfen und in historischen Bauten, v.a. Museen und Restaurants. Der Tourismusverband (s.u.) hat eine Broschüre »Barrierefreies Reisen in Ostbayern« herausgebracht.

Feiertage
Wie überall in Deutschland Neujahr, Karfreitag, Ostersonntag/-montag, Tag der Arbeit (1. Mai), Pfingstsonntag/-montag, Tag der deutschen Einheit (3. Okt.), Allerheiligen (1. Nov.), Weihnachten (25./26. Dez.). Bayerische Spezialfeiertage sind Heilige Drei Könige (6. Jan.), Christi Himmelfahrt (Mai), Fronleichnam (Juni) und Mariä Himmelfahrt (15. Aug.).

Grenzübertritt Tschechien
Bei grenzüberschreitenden Ausflügen nach Tschechien ist zu beachten, dass auch Wanderer einen Personalausweis oder Reisepass parat haben müssen und spezielle Beschränkungen für die Tabak- und Alkoholausfuhr gelten.

!! Tanktouristen dürfen maximal 20 l Sprit im Reservekanister nach Deutschland einführen.

Informationen
- **Tourismusverband Ostbayern e.V.**, Luitpoldstr. 20, 93047 Regensburg, Tel. 09 41/5 85 39-0, kostenfreies Infotelefon: 08 00/1 21 21 11, www.ostbayern-tourismus.de. Erste Anlaufstelle mit vorbildlicher Auswahl an Informationsmaterial für die unterschiedlichsten Urlaubsarten.
- Vor Ort gibt es überall Verkehrsämter und Tourist-Informations-Büros (Adressen jeweils bei der Städtebeschreibung).

Kleidung
Wanderungen im Waldgebirge erfordern in jeder Jahreszeit gute Wanderschuhe sowie Kälte- bzw. Regenschutz.

Auf pseudo-bayerische Dirndl oder Lederhosen sollte man als Tourist besser verzichten, wenn man sich nicht lächerlich machen will; bei Volksfesten dagegen passt (stilgerechte!) Trachtenmode zum Ambiente.

Notruf
- Polizei Tel. 110
- Feuerwehr Tel. 112
- Rettungsdienst/Notarzt 1 92 22

Öffnungszeiten
Die Geschäfte in den Städten sind normalerweise von 9.30 bis 18 bzw. 20 Uhr durchgehend geöffnet. In den Dörfern sind die Läden meist über Mittag von 12.30 bis 14 Uhr sowie am Mittwochnachmittag geschlossen.

Post
Im Zuge der Strukturreform wurden viele kleine Postämter geschlossen, deren Aufgaben jetzt von Lottoannahmestellen und Bäckereien übernommen werden.

Urlaubskasse	
Tasse Kaffee	2,30 €
Softdrink	2,50 €
Glas Bier (0,5 l)	2,80 €
Leberkässemmel	2,20 €
Kugel Eis	0,70 €
Taxikurzstrecke (bis 10 km)	9,50 €
Mietwagen/Tag ab	39 €
1 l Superbenzin	1,45 €

Register

Bildnachweis

alamy/Bahnmüller: U2-Top12-04, 76; alamy/Pat Behnke: 46, alamy/McPhoto: U2-Top12-05; alamy/W. Otto: U2-Top12-12; alamy/parasola: 94; alamy/world images: 47; Bayern Park, Reisbach/W. Bertold: 22; Bayern Tourismus Marketing: 20; Bildagentur Huber: 106; Bildagentur Huber/Friedel: 93; Bildagentur Huber/Hallberg: 33; Bildagentur Huber/Mehlig: 5; Bildagentur Huber/R. Schmid: U2-Top12-01, U2-Top12-02, U2-Top12-03, U2-Top12-10, 26, 36, 50, 52, 61, 80, 96, 139; Bildagentur Huber/O. Stadler. 122; Manfred Delpho 63: J. Duschl: 110; Stefan Engl: 68; Farbdia-Archiv Amberg/Gunda Amberg: 12, 42, 75; Farbdia-Archiv Amberg/Oskar Schraml: 114, 137; Die Förderer e.V.: 1, 2-1; fotolia.com/Karlos Lomsky: U2-Top12-09; fotolia.com/Ray: U2-Top12-08; Veit Haak: 132; Hofgut Hafnerleiten: 24 Gerold Jung: 18, 64, 82; Kurverwaltung Bad Füssing: 115, 116; laif/Eid: 41; laif/H. B. Huber 85; laif/Thomas Kost: 71; LOOK-foto/age-fotostock: 10, LOOK-foto/Thomas Stankiewicz: 6 17; LOOK-foto/TerraVista: 62; mauritius-images/Imagebroker: 57; Photopress/W. Otto: 45 pixelio/Wolfgang Langer: U2-Top12-07; pixelio/Gitti Moser: 107; Christine Rettenmeier: 30 70, 90, 104, 124; Wilkin Spitta: 2-3, 31, 35, 38, 55, 92, 102, 103, 108; Stadt Weiden: 126 Klaus Thiele: 44, 87; Tourismus-Information/Kurverwaltung: Freyung: 78; Tourismusreferat Landkreis Regen: 2-2, 23; Tourismusverband Ostbayern e.V.: U2-Top12-06, U2-Top-11, 109 Konrad Wothe: 83.

www.polyglott.de

Polyglott im Internet: www.polyglott.de

Impressum

Wir freuen uns, dass Sie sich für einen Reiseführer aus dem Polyglott-Programm entschieden haben. Auch wenn alle Informationen aus zuverlässigen Quellen stammen und sorgfältig geprüft sind, lassen sich Fehler nie ganz ausschließen. Wir bitten um Verständnis, dass der Verlag dafür keine Haftung übernehmen kann. Ihre Hinweise und Anregungen sind uns wichtig und helfen uns, die Reiseführer ständig weiter zu verbessern. Bitte schreiben Sie uns:

Polyglott Verlag, Redaktion, Postfach 40 11 20, 80 711 München, redaktion@polygott.de

Wir wünschen Ihnen eine gelungene Reise!

Herausgeber: Polyglott-Redaktion
Autorin: Christine Rettenmeier
Redaktion: Werkstatt München • Buchproduktion
Lektorat: Yvonne Paris
Bildredaktion: Ulrich Reißer und Anja Dengler
Layout: Ute Weber, Geretsried
Titeldesign-Konzept: Studio Schübel Werbeagentur GmbH, München
Karten und Pläne: Sybille Rachfall
Kartographische Bearbeitung: Kartographie Huber
Satz: Michael Welker
Druck: Himmer AG, Augsburg
Bindung: »Butterfly«-Bindeverfahren zum Patent angemeldet durch
Kolibri Industrielle Buchbinderei GmbH 2008

PT 08L1 ◆ 09010

Printed in Germany
Dieses Buch wurde auf chlorfrei gebleichtem Papier gedruckt.
ISBN 978-3-493-55602-5